F. Jürgen Schell

Yoga
Schlüssel
zur Streßbewältigung

Ganz entspannt im hier und jetzt

vianova

Verlag Via Nova

F. Jürgen Schell

Yoga
Schlüssel
zur Streßbewältigung

Ganz entspannt im hier und jetzt

Verlag Via Nova

1. Auflage 1998

Verlag Via Nova, Neißer Straße 9, 36100 Petersberg
Telefon und Fax: (06 61) 6 29 73

Satz: typo-service kliem, 97647 Neustädtles
Druck und Verarbeitung: Rindt-Druck, 36037 Fulda
Alle Rechte vorbehalten
ISBN 3-928632-48-5

Inhaltsverzeichnis

Einleitung

Noch ein Buch über Yoga? Ist denn nicht schon alles geschrieben über Yoga? Und dann auch noch über Streßbewältigung und Yoga. Aber wir wissen doch, daß Yoga gut gegen Streß ist, werden einige erfahrene Yogis sagen. Dazu brauchen wir kein neues Buch. Außerdem darf man eine hehre spirituelle Disziplin wie den Yoga nicht als schnöde Entspannungstechnik mißbrauchen, werden sie weiter einwenden.

Auf der anderen Seite stehen die Ärzte und Wissenschaftler und klagen, der Hatha-Yoga, von dem hier die Rede sein soll, sei schwer zu untersuchen wegen der vielen unterschiedlichen Praktiken; dazu käme, daß jeder bekanntere Lehrer auch noch eine eigene, manchmal im Vergleich zu anderen Meistern sogar gegensätzliche Auffassung vertrete – kurz, der Yoga sei nicht ausreichend „standardisiert", um ihn sinnvoll erforschen zu können, geschweige denn um damit gezielte therapeutische Wirkungen zu erzielen. Und wenn in einigen Büchern bestimmte Effekte der Übungen behauptet werden – wohlgemerkt physiologische, keine subjektiven Erfahrungen –, für die es keinerlei Belege gibt, die vielmehr jeglichem wissenschaftlichen Mindeststandard spotten, muß man sich nicht wundern, wenn die Schulmedizin gegenüber solch abenteuerlichen Spekulationen lieber eine gewisse Distanz wahrt.

Ein schwieriges Feld, voller Tretminen aus Überheblichkeit und Ignoranz von beiden Seiten. Trotzdem wurde dieses Gebiet schon mehrfach von wissenschaftlich interessierten Yogis und yogapraktizierenden Wissenschaftlern begangen und erforscht. Ich möchte bei dieser Gelegenheit auf die bahnbrechenden Arbeiten von Dr. Werner Spiegelhoff aus Hilden und von Dr. Dietrich Ebert aus Leipzig hinzuweisen. Beide haben jeweils als erste in „ihrem" Teil Deutschlands unter zum Teil sehr widrigen Umständen hier Pionierarbeit geleistet.

Das vorliegende Buch versteht sich in dieser Tradition, die für mich auf den drei in beiden Bereichen gültigen Idealen, nämlich Offenheit, Wahrhaftigkeit und Disziplin, beruht.

Was hat der Yoga, eine sehr alte, spirituelle Disziplin, bei der die Weiterentwicklung des Menschen auf allen Ebenen angestrebt wird,

mit dem modernen Begriff „Streß" zu tun? Ist der Yoga nicht lediglich eine Flucht vor den Anforderungen der heutigen Zeit?

Diese Zusammenhänge sollen Thema des vorliegenden Buches sein. Ich hoffe, daß sie sich für den Leser klären und somit auch der Sinn des vorliegenden Buches deutlich wird. Meine Ausführungen sind nicht als Yogalehrbuch gedacht. Wer also Anleitungen für die wichtigsten Übungen in der Yogapraxis sucht, der sei auf die einschlägig bekannten Werke verwiesen, die zum Teil ebenfalls im Verlag Via Nova erschienen sind.

Heutzutage ist es nicht mehr selbstverständlich, daß ein Buch vom Anfang bis zum Ende gelesen wird, daher hier noch ein paar Tips, wie man durch das vorliegende Buch „zappen" kann:

*Der **Mediziner** oder **Wissenschaftler** wird bei dem Teil über die Streßreaktion vielleicht abwinken und sagen: „Weiß ich doch alles schon längst." Gut. Dann sollte er die Abschnitte über Yoga und seine Bedeutung für die Streßverarbeitung umso aufmerksamer lesen.*

*Der **Yogi** hingegen mag wiederum die Kapitel über seine Methode als uninteressant – weil „alles schon seit Jahrhunderten bekannt" – abtun; dafür möge er die Texte über Streß und seine Verarbeitung genauer studieren, denn es ist nicht damit getan zu sagen: „Ich weiß, daß Streß schädlich ist, und meide ihn deshalb."*

Für die ganz Eiligen, die vor lauter Streß Bücher grundsätzlich nur querlesen, ist das Kapitel Schlußfolgerungen für alle und eine Zusammenfassung für ganz Eilige gedacht.

Sachbuchallergiker dürfen ausnahmsweise mit ‚Die Geschichte von Nigoy – eine Yogalegende' im Anhang beginnen.

Für Praktiker, die nur anhand praktischer Erfahrungen lernen können oder wollen, gibt es Übungen, die in verschiedenen Kapiteln eingefügt sind.

Für alle übrigen gilt: Streß ist ein Teil des heutigen Lebens. Wir können ihm nicht immer ausweichen, aber wir können lernen, mit ihm umzugehen, ohne Schaden zu nehmen. Der Yoga kann hier ein ideales Hilfsmittel darstellen, wie wir sehen werden.

1. Kapitel

Streß

Sind wir nicht alle im Streß

„Ich bin im Streß." Wer hat das nicht schon gehört oder klagt selbst darüber. – Kaum ein anderer ursprünglich wissenschaftlicher Begriff hat sich so schnell verbreitet wie dieses Wort. „Streß" ist zu einem Modeausdruck geworden, viele fühlen sich im Streß, und die meisten von uns wissen von einem Zusammenhang zwischen Streß und bestimmten Krankheiten wie Herzinfarkt oder hohem Blutdruck. Kaum jemand jedoch weiß genau, wie der Streß auf unseren Körper und unseren Geist wirkt. Und noch weniger ist bekannt über geeignete Möglichkeiten, den Streß zu bewältigen. Um zu verstehen, was dabei genau passiert, müssen wir uns zunächst mit einigen medizinischen Erkenntnissen beschäftigen. Obwohl diese Fakten auf den ersten Blick recht trocken erscheinen mögen, werden wir sicher schnell feststellen, daß das feine Zusammenspiel von zentralem und vegetativem Nervensystem, hormonproduzierenden Drüsen und den „Zielorganen" ungeheuer spannend ist.

Ist Streß immer schlecht, und ist es immer am besten, Streß zu vermeiden? Begeben wir uns zunächst in die Welt der 64 Felder des Schachs und betrachten wir ein Beispiel, das uns zeigt, wie kompliziert das Zusammenspiel zwischen dem Erleben von Streß und den körperlichen Reaktionen ist.

Streß zwischen Läufer und Turm

Der bekannte Schachgroßmeister, Schachjournalist und Arzt *Dr. Helmut Pfleger* führte eine interessante Untersuchung über die körperlichen Reaktionen bei Schachmeistern während eines Turniers durch. Er maß Pulsfrequenz und Blutdruck und kam zu dem überraschenden Ergebnis, daß die Ausprägung des „Vorstartzustands" erstaunlich deutlich mit dem Ergebnis der Partien korrelierte:

„Die durchschnittliche Herzfrequenz der Sieger lag in dieser Phase bei 94, die der Verlierer bei 85 Schlägen pro Minute." Also haben die gewonnen, die vorher aufgeregter waren. Wer hätte gedacht, daß Schachspielen so anstrengend und „stressig" ist! Hätten wir nicht eher erwartet, daß der weniger Gestreßte gewinnt?

In einem Selbstversuch testete Dr. Pfleger daraufhin die Wirkung eines Medikamentes, welches die streßbedingten Körperreaktionen blockiert. Tatsächlich habe er während der ganzen Partie keinen Streß verspürt, berichtete Dr. Pfleger, im Gegenteil, er habe sich angenehm ruhig und entspannt gefühlt – bis zum frühen, abrupten Schluß, als ihn sein Gegner ohne nennenswerten Widerstand überrannt und leicht geschlagen hatte. Medikamente sind offensichtlich kaum eine sinnvolle Streßbewältigung. Zumindest nicht für Turnierschachspieler, die gewinnen wollen – Dr. Pfleger jedenfalls hat diesen Versuch nie wiederholt.

Das passive Erdulden-Müssen soll bei Streßreizen mit einer stärkeren Unterdrückung der Abwehrreaktion einhergehen. Erwartungsgemäß kam es bei den Schachspielern zu einem deutlichen Anstieg von Herzfrequenz und Blutdruck. Dr. Pfleger stellte fest:

„Es zeigte sich, daß die Angst (und damit die Pulsfrequenz) beim Erwarten eines gegnerischen Zuges, also beim passiven Hinnehmenmüssen, öfter größer ist als beim Überlegen eines eigenen Planes, also einer aktiven Einflußnahme."

Streßforscher haben festgestellt, daß ein wesentlicher Unterschied im Erleben wie auch in den körperlichen Reaktionen auf Streßsituationen zu beobachten ist, abhängig davon, ob aktiv Einfluß darauf ausgeübt werden kann oder nicht. Ist eine erfolgversprechende Bewältigung möglich, dann reagiert der Körper mit einer Reaktion des sympathischen Nervensystems und schüttet *Katecholamine* aus. Scheidet hingegen jede Möglichkeit der Situationskontrolle aus, wird *Cortisol* freigesetzt. Mit den hormonellen Vorgängen wollen wir uns später noch näher beschäftigen.

Um die nächste Frage direkt vorwegzunehmen: Ja, das Streßhormon Cortisol ist die gleiche Substanz, die in der Medizin ein wichtiges und bei einigen Erkrankungen das einzig wirksame Medikament darstellt, bei zu hoher Dosierung oder zu langem Einsatz jedoch jene verheerenden Nebenwirkungen entfaltet, die ihm in weiten Kreisen der Öffentlichkeit zu Unrecht den Ruf als Horrormittel eingebracht haben. Obwohl die therapeutisch eingesetzten Dosen von Cortisol meistens viel höher sein müssen als das, was der Körper selbst ausschüttet, sind doch die Langzeitwirkungen bei Dauerstreß grundsätzlich mit den Nebenwirkungen des Medikaments Cortisol vergleichbar.

Ganz offensichtlich ist nicht jeder Streß gleichermaßen schädlich und schlecht, aber wie können wir den Unterschied zwischen gutem und schlechtem Streß feststellen?

„Guter" und „schlechter" Streß

Der Begriff Streß stammt ursprünglich aus der Physik und meint eine Kraft, die auf eine feste Struktur einwirkt und diese verformt – wie ein Fuß, der eine leere Getränkedose verformt, wenn er darauf tritt. 1950 hat der kanadische Forscher *Hans Selye* das Wort Streß für belastende Anforderungen an Lebewesen durch Umweltreize eingeführt. Er selbst verstand darunter „die unspezifische Reaktion des Körpers auf irgendeine Anforderung." Da eine solche sehr weit gefaßte Definition wenig weiterhilft, denn Anforderungen können angenehm oder belastend sein, unterscheidet die Streßforschung heute zwischen *Eustreß* und *Disstreß.*

Unter Eustreß versteht man eine als angenehm, mitunter sogar lustvoll empfundenen Anforderung. Zu diesem „guten" Streß gehören sportliche Leistungen, der Nervenkitzel beim Lesen eines Krimis, die Aufregung vor der eigenen Hochzeit, die atemberaubende Anspannung beim Roulettespiel, Turnierschach oder anderen Wettbewerben, die Erregung beim ersten Rendezvous und der „Kick" bei Extremsportarten wie Fallschirmspringen, Bunjeespringen oder Drachenfliegen. Gemeinsam ist diesen Tätigkeiten, daß wir den Streßreiz zwar sehr wohl wahrnehmen, ihn aber als lustvolle Balance zwischen Angst und Freude verspüren. Dieses Gefühl kann rauschhafte Züge tragen und beinhaltet bei entsprechend disponierten Menschen die Gefahr einer Suchtentwicklung. Um die gleiche Empfindung zu erzielen, müssen die Reize immer mehr gesteigert werden, da sich der Körper daran gewöhnt und mit der Zeit weniger heftig reagiert. Er „adaptiert", paßt sich an, und der erhoffte „Kick" oder „Thrill" wird schwächer. Darauf werden wir später noch zurückkommen. Machen wir uns zunächst jedoch bewußt, daß die jahrelang unterschätzte oder nicht ernstgenommene Spielsucht, die die Betroffenen mitsamt ihren Familien in den wirtschaftlichen Ruin treiben kann, genauso wie die Sucht nach Gewalt bei Fußballhooligans, durch die körpereigene Droge *Adrenalin* ausgelöst und aufrechterhalten wird, einem der Streßhormone.

Disstreß ist der „böse" oder schädliche Streß und entspricht somit dem, was wir für gewöhnlich umgangssprachlich unter Streß verstehen: ein Reiz, der als unangenehme Belastung, unter der wir leiden, empfunden wird. Typischerweise sind solche Streßsituationen, wie wir bei den Schachspielern gesehen haben, auch mit einer fehlenden Kontrollierbarkeit verbunden. Die Bandbreite möglicher Stressoren, wie die streßauslösenden Reize genannt werden, reicht von überhöhten Anforderungen am Arbeitsplatz über kaum lösbare familiäre Konflikte, Verkehrsstreß bis hin zu *Frederik Vesters* Annahme einer allgemeinen sensorischen Überlastung durch das Leben in den hochindustrialisierten Ländern.

Ein typisches, einfaches Beispiel für diesen Disstreß ist das Wartenmüssen im Stau auf der Autobahn, während die Verlobte mitsamt der Hochzeitsgesellschaft schon lange in der Kirche wartet.

Eustreß könnte hier stattdessen bedeuten: Weil die Straßenbahn verpaßt wurde, muß der Bräutigam die letzten zwei Kilometer zur Kirche joggend zurücklegen. In diesem Fall kann die Hochzeit später mit einem verschwitzten, aber glücklichen Bräutigam stattfinden.

Ganz offensichtlich begegnen wir alle dem Streß in verschiedenen Formen. Ihm komplett auszuweichen ist nicht möglich, daher sollten unsere Bemühungen sich darauf konzentrieren, die Zusammenhänge der Streßreaktion zu verstehen, um so mit ihm umgehen zu können, daß er uns nicht schadet. Warum zum Beispiel reagieren manche Menschen weniger empfindlich auf Streß als andere? Was passiert eigentlich im Körper, wenn wir unter Streß geraten?

Bevor wir uns der anfänglich etwas trockenen Theorie widmen, sollten wir uns mit einer Übung auf das Thema einstellen.

Übung 1: Den Streß spüren

Kaufen Sie sich eine Kassette, eine CD mit Entspanungsmusik und eine CD mit verschiedensten Geräuschen (wie sie z. B. zur Video- und Filmvertonung angeboten werden). Nehmen Sie zunächst ca. 10 Minuten Entspannungsmusik auf, gefolgt von einigen Minuten Meeresrauschen, Vogelgezwitscher oder anderen Naturgeräuschen. Dann nehmen Sie unterschiedliche künstliche Geräusche auf, vom Telefonklingeln über Straßenverkehr bis hin zu startenden Flugzeugen o. ä., immer wieder von „Erholungsphasen" mit Entspannungsmusik unterbrochen. Noch besser ist es, wenn ein anderer die Kassette für Sie herstellt, weil Sie dann die Reihenfolge der Geräusche nicht kennen und noch unbefangener auf die Reize reagieren.

Wenn die Kassette fertig ist, legen Sie sich bequem auf den Rücken, eventuell mit einer Decke zugedeckt, und lassen die Kassette abspielen. Wenn Sie bereits Erfahrung mit Entspannungsübungen haben, benutzen Sie eine Ihnen geläufige Einleitung, sonst lassen Sie die angenehme Musik wirken oder benutzen Sie Übung 2 *Yoganidra*, wie Sie in dem Kapitel *Was ist Streßbewältigung?* auf Seite 28 f. beschrieben ist. Ganz entscheidend ist, daß Sie zwar entspannt und ruhig, zugleich aber sehr aufmerksam und wach sind und Ihren eigenen Körper so genau und unvoreingenommen beobachten wie ein Punktrichter die Eiskunstläufer.

Was haben Sie gespürt, als die verschiedenen Geräusche einsetzten?

Hat sich Ihr Herzschlag oder die Atmung verändert?

Sind Sie erschrocken?

Wie hat sich das angefühlt?

Oder sind Sie bei dem Flugzeuggeräusch richtig zusammengezuckt?

Wo genau zuckte es? Im Schulter-Nackenbereich?

Haben sich Ihre Kaumuskeln angespannt, haben Sie „die Zähne zusammengebissen"?

Haben Sie ein krampfartiges Zusammenziehen im Bauch bemerkt?

Wie ging Ihr Atem?

Fühlten Sie sich plötzlich hellwach?

Oder waren Sie regelrecht verärgert über eine so „unangenehme" Übung, bei der Sie so unsanft aus Ihrer wohligen Entspannung gerissen wurden?

Egal, was Sie im einzelnen wahrgenommen haben, versuchen Sie es sich zu merken und später mit Ihrem Wissen über die Streßreaktion im Körper zu vergleichen.

Sind Sie neugierig geworden, was sich da alles in Ihrem Körper abspielt, wenn Sie so stark auf Streßreize reagieren? Schauen wir es uns an.

Streß – was passiert da eigentlich im Körper?

Um diese Frage zu klären, müssen wir ein wenig ausholen und uns das vegetative Nervensystem näher betrachten. Jedes Lebewesen muß, um auf Veränderungen in seiner Umgebung reagieren zu können, über Steuerungsmechanismen verfügen. Das Ziel ist die *Homöostase*, ein Zustand des harmonischen Gleichgewichts, bei dem verschiedene physiologische Parameter in einem bestimmten, günstigen Verhältnis zueinander stehen. Zu den auf diese Weise gesteuerten Bereichen gehören bei den Menschen und anderen Säugetieren (unter anderem): Blutdruck, Frequenz des Herzschlags, Blutzuckerspiegel, Sauerstoffzufuhr, Konzentration der Salze und des Wassers, Verdauung, Ausscheidung und Fortpflanzung. Um alle diese Vorgänge kontrollierbar zu machen, besitzt der Organismus eine ganze Reihe Instrumente. Neben der zentralen Verarbeitung im Gehirn gibt es Botenstoffe (*Hormone*), die länger wirksam sind, und den – eher kurzfristig wirkenden – Einfluß einer polar aufgebauten peripheren Schaltzentrale, des *vegetativen Nervensystems.* Dieses besteht aus zwei entgegengesetzten Anteilen: dem Sympathikus, der den Körper generell aktiviert, und dem *Vagus (Parasympathikus)*, der eher dämpfend wirkt.

14

Für Esoteriker sei an dieser Stelle auf die interessante Parallelität zwischen diesen beiden Teilen des vegetativen Nervensystems, dem chinesischen *Yin/Yang*-Modell und dem Yogakonzept von *Ida* und *Pingala* verwiesen. Wir werden darauf später noch zurückkommen.

Im einzelnen bewirkt der *Sympathikus*:
- Steigerung der Herzfrequenz
- Anstieg des Blutdruckes durch verstärkte Anspannung und somit Verengung der Arterien
- Erweiterung der Blutgefäße, die die Muskeln versorgen
- Hemmung der Verdauung, Darmbeweglichkeit und sexuellen Bereitschaft
- Absinken der Hauttemperatur durch verminderte Hautdurchblutung
- Anstieg des Blutzuckerspiegels durch die Ankurbelung des kohlenhydrat- und fettverarbeitenden Stoffwechsels
- Erweiterung der Pupillen
- Erweiterung der Bronchien.

Fast genau entgegengesetzt dazu stehen die *vagalen Einflüsse*:
- Abnahme von Herz- und Atemfrequenz
- Verengung der Bronchien
- Anregung der Verdauung durch verstärkte Absonderung von Verdauungssäften und Aktivierung der Magen- und Darmbewegungen (Peristaltik)
- Entspannung der Arterienmuskeln, damit Erweiterung und verstärkte Durchblutung von Haut und inneren Organen
- Verengung der Pupille.

Durch abwechselnde Einflüsse dieser Gegenspieler kann der Organismus Abweichungen von den angestrebten Idealbedingungen ausgleichen. So wie in der Esoterik ist hier der eine nichts ohne den anderen, und der Verlust des Gegenspielers kann den ganzen Körper ruinieren. Die Harmonie besteht in dem Gleichgewicht der Kräfte. Das bedeutet nicht, daß die Einflüsse von Sympathikus und Vagus jederzeit gleich stark sein müssen. Das Gleichgewicht kann auch in einem rhythmischen Wechsel der Dominanz bestehen.

„Die Kräfte müssen im Gleichgewicht sein, das haben wir ja schon immer gesagt", mag da der Yogi triumphieren.

„Vielleicht, aber haben Sie auch schon immer berücksichtigt, daß neben der entspannten Vagus-Meditation die hitzige Sympathikus-Wut gleichberechtigt stehen sollte?" wird hier der Arzt provokativ fragen.

Bevor der Yogi und der Mediziner jetzt in einen langatmigen Disput über die Polarität der Gegensätze verfallen, wollen wir uns zunächst mit der Frage beschäftigen, wie der Streß entdeckt worden ist.

Die Entdeckung des Stresses

Der amerikanische Wissenschaftler *W. B. Cannon* beschrieb 1928 erstmals eine „Notfallfunktion des sympathoadrenergen Systems". Darunter verstand er eine allgemeine Aktivierung des sympathischen Anteils des vegetativen Nervensystems, verbunden mit einer Stimulierung des Nebennierenmarks und der Ausschüttung von *Adrenalin*, einem Hormon. Diese beiden physiologischen Reaktionen wurden von Cannon als Versuch des Organismus angesehen, sich schnell an neue Situationen anzupassen.

Der Schweizer Forscher *Hess* plazierte 1954 Elektroden im Zwischenhirn (Hypothalamus) von Katzen und stimulierte sie durch elektrischen Strom. Nach systematischen Reizversuchen unterschied er eine *ergotrope* (= leistungssteigernde) von einer *trophotropen* (= gewebsernährenden) Zone. Diese ließen sich bestimmten vegetativen Reaktionsmustern zuordnen. Der von dem entsprechenden Bezirk des Zwischenhirns gesteuerte ergotrophe Zustand entspricht demnach einer Sympathikusaktivierung und geht mit einer Steigerung der Wachheit und Aufmerksamkeit gegenüber Außenweltreizen einher; die Trophotropie läßt sich mit einer vagalen Reaktion (Aktivierung des parasympathischen Anteils des vegetativen Nervensystems) in Verbindung bringen, bei der entsprechend entgegengesetzt eine Abschwächung der außenweltbezogenen Wahrnehmung und Aktivität beobachtet werden kann.

Der kanadische Gelehrte *Hans Selye* prägte schließlich den Ausdruck „Streß" für äußere Reize, an die sich der Organismus entsprechend der Notfallreaktion Cannons mittels der Aktivierung der

Hesschen ergotrophen Zone anpassen muß. Dies gelingt durch die Sympathikus-(Yang/Pingala-) Kraft. Sie bereitet uns auf extreme Auseinandersetzungen mit unserer Umwelt vor. Und da das vegetative Nervensystem sich in einer Zeit herausbildete, als es der Mensch noch mit wilden Tieren und gefährlichen Artgenossen statt mit Verkehrsstaus und launischen Chefs zu tun hatte, bereitet diese Reaktion uns auf zwei grundsätzliche Handlungsmöglichkeiten vor: Fliehen oder Kämpfen. Auf jeden Fall wird Muskelarbeit notwendig sein. Dagegen werden andere Impulse wie Verdauung oder sexuelle Bedürfnisse unterdrückt, da sie in der Situation einer solchen damals tatsächlich lebensgefährlichen Bedrohung reine Energieverschwendung wären. Die Muskeln erhalten mehr Blut und somit mehr Sauerstoff und Zucker; der Blutdruck steigt, die Haut wird weniger durchblutet, um im Fall einer Verletzung weniger Blut zu verlieren und den Blutdruck stabil halten zu können. Die Bronchien weiten sich, um die Atmung und den Sauerstoffnachschub zu erleichtern, und die Pupillen weiten sich, damit mögliche Gefahren oder ein Feind auch noch in der Dämmerung gesehen werden können.

Ist der Kampf dann erfolgreich überstanden, meldet sich der Vagus (= Yin/Ida) wieder und organisiert den Nachschub an Energie durch Anregung der Verdauungstätigkeit und bereitet eventuell notwendige Reparaturmechanismen vor. Sympathikus und Vagus wechseln sich in ihrer Vorherrschaft ab, im rhythmischen Gleichgewicht. Eine tadellose Zusammenarbeit bei dem steinzeitlichen Urahn von Yogis und Medizinern. Leider funktioniert das Ganze heute nicht mehr so perfekt, weil sich der Verkehrsstau nicht niederschlagen läßt und wir vor dem Chef nicht dauernd davonlaufen können. Wenn wir am nächsten Morgen zur Arbeit gehen, finden wir beide wieder an der gleichen Stelle vor, und die Streßreaktion beginnt von neuem. Hält eine solche Belastung länger an, lassen sich nach Selye drei Phasen unterscheiden:

1. Alarmreaktion
2. Widerstandsphase
3. Phase der Erschöpfung.

In der *Alarmreaktion* startet unser Körper durch, aktiviert den Sympathikus, schüttet neben dem bekannten Adrenalin auch Cortisol und noch viele weitere Hormone aus und bereitet sich so vor, der Herausforderung zu begegnen. In der *Widerstandsphase* wird gekämpft. Der Körper setzt alles ein, um den weiter andauernden Reiz zu verarbeiten oder auszuschalten. Gelingt dies nicht, kommt es zur Phase der *Erschöpfung*. Dann sind die Notfallreserven verbraucht, der vagal gesteuerte Nachschub stagniert: Der Körper ist schwach, kann sich weiterer Bedrohungen von außen (beispielsweise Infektionen durch eindringende Erreger) oder innen (entartete Krebszellen, die sich auszubreiten versuchen) kaum noch erwehren.

„Ach, so funktioniert es, daß man von Streß krank werden kann?" fragt der Yogi.

Ja, das ist aber nur ein Weg. Leider gibt es noch viele weitere. Sehen wir es uns an.

2. Kapitel

Streß und Krankheit

Wie Streß krank machen kann

Das Immunsystem unseres Körpers ist äußerst kompliziert aufgebaut, um den verschiedensten Gefahren mit einer gestaffelten und hochspezialisierten Abwehr trotzen zu können. Mehr als ein Dutzend unterschiedlicher Zellgruppen von den harmlos scheinenden *T-Helferzellen* bis zu den martialisch klingenden *Killer-* und *Freßzellen* tummeln sich überall im Körper, bewachen potentielle Eintrittspforten für mögliche Feinde, überprüfen täglich Tausende von Antigenen (die „Ausweise" der Eiweiße) und produzieren bei Bedarf nach einer einzigen Vorlage hochspezialisierte Giftstoffe, die ganz gezielt nur eine bestimmte Art Lebewesen angreifen. (So funktioniert beispielsweise das Impfen.) Kein Wunder, daß ein so kompliziertes System schwer zu steuern ist und daß es sich gegenüber äußeren Einflüssen als sehr empfindlich erweist. Erst in den letzten Jahren hat man neue überraschende Erkenntnisse darüber gewonnen. So erforscht die Psycho-Neuro-Endokrinologie die Zusammenhänge zwischen Empfindungen, Hormonausschüttungen und der Wirkung auf die Immunabwehr. Tatsächlich scheinen hohe Blutspiegel an Streßhormonen und Angstgefühle auffallend häufig mit einer reduzierten Abwehrlage einherzugehen.

„Ha", wird der Yogi rufen, „das haben wir schon immer gewußt: Krankheit ist immer eine Folge negativer Schwingungen."

„Von wegen", wird der Arzt protestieren, „die Verdrängung unliebsamer Gefühle ist erst recht keine Lösung. Denken Sie nur an die Untersuchungen über die Persönlichkeitsmerkmale von Krebspatienten. Dabei fand sich, daß diejenigen, welche sich willig in ihr schweres Schicksal fügten, im Durchschnitt deutlich kürzer lebten als die kämpferischen und aggressiven Kranken, die der Geschwulst den Krieg erklärt hatten."

An beiden Standpunkten ist etwas Wahres dran, aber wie so oft ist alles natürlich noch viel komplizierter. Auf jeden Fall ist das Immunsystem eine der ersten Funktionseinheiten, die im Rahmen einer länger anhaltenden Streßbelastung Störungen zeigen. Interessanterweise muß eine solche Störung nicht unbedingt *während* der Belastungssituation auftreten, gelegentlich kommt es erst unmittelbar *nach* einer extremen Anspannung zum totalen Zusammenbruch. Ein Beispiel hierfür ist die berühmte Grippe nach dem bestandenen Examen. Immer wieder wird von Psychosomatikern auch ein Zusammenhang zwischen chronischen Streßreizen und dem Auftreten von sogenannten „Autoimmunerkrankungen" diskutiert. Zu diesen Krankheiten, bei denen der körpereigene Antigen-"Paß" nicht mehr erkannt und in der Konsequenz von der eigenen Abwehr angegriffen wird, gehören die rheumatischen Erkrankungen.

Aber die Psycho-Neuro-Endokrinologie fördert auch Positives zutage: So wies das Forscherehepaar *Marsha* und *Ronald Greene* nach, daß verschiedene bewußte Entspannungsverfahren eine Vermehrung von Abwehrstoffen im Mundspeichel bewirkten, und zwar deutlich besser als einfaches Ruhen.

Da wir später noch ausführlicher auf die physiologischen Wirkungen von Yoga und Entspannung eingehen wollen, belassen wir es zunächst dabei und widmen uns weiter der Krankheitsentstehung durch Streß.

Unter Druck – Streß, hoher Blutdruck und Gefäßverkalkung

Wie wir oben gesehen haben, bewirken die Streßhormone einen Anstieg des Blutdrucks. Kurzfristig läßt *Noradrenalin* die Arterien durch Anspannung ihrer eigenen, dünnen Muskelschicht verengen. *Cortisol*, das wir schon kennengelernt haben, ist ebenfalls ein streßabhängiges Hormon, hält Salz im Körper und füllt so (weil das Salz Wasser bindet) die Adern, wodurch aufgrund der erhöhten Flüssigkeitsmenge der Blutdruck ebenfalls ansteigt. Natürlich spielen bei so komplizierten Prozessen wie dem krankhaften Anstieg des Blutdrucks noch weitere Faktoren eine Rolle, und jeder Körper reagiert unterschiedlich, individuell entsprechend seiner genetischen Disposition. Aber grundsätzlich funktioniert es nach diesem Prinzip. Einem Prinzip, das ursprünglich in der Evolution in archaischen „Streßsituationen" sinnvoll und überlebensnotwendig war, uns heute aber oftmals zum Verhängnis wird. Denn unsere Vorfahren mußten rennen oder kämpfen, den Blutdruck trotz möglicher Blutverluste stabilisieren, und sie agierten ihre sympathikotone Kreislaufreaktion in Bewegung aus, wonach sich dann beim Ausruhen wieder die entgegengesetzte Vagusaktivierung für Ausgleich sorgte.

Das ist heute oft anders. Bei beruflichem Streß zum Beispiel reagiert der Mensch innerlich genauso wie sein Urahn beim Anblick eines Wolfes, muß äußerlich jedoch ruhig bleiben. Weil keine körperliche Aktivität erfolgt, fehlt die Vagusreaktion, das Pendel schwingt nicht mehr zurück. Das Gleichgewicht der Kräfte ist gestört, die Yang-Energie bleibt aktiv, ohne von Yin abgelöst zu werden. So wirken auch die Streßhormone weiter, und der Blutdruck bleibt erhöht. Da die Zielorgane der Streßhormone länger einem einseitigen Einfluß ausgesetzt sind, treten als Folge zunächst funktionelle Störungen, später auch strukturelle Schäden auf. Dies wird *Adaptationskrankheit* (= „Anpassungskrankheit") genannt.

Die Arterien sind eben keine starren, passiven Rohre, sondern flexible Hohlorgane, die sich – mit einer kräftigen Muskelschicht ausgestattet – aktiv anspannen und verengen wie auch passiv weiten können. Sie bewegen sich bei jedem Herzschlag mit. Die Arterien können auf Veränderungen reagieren, sind aber der Dauerbelastung durch zu hohen Blutdruck nicht gewachsen; genauso wenig wie ein Gartenschlauch, der versehentlich an eine Feuerwehrpumpe angeschlossen wurde. Es kommt zu feinen Rissen. Diese werden notdürftig mit Bindegewebe gestopft – so entstehen kleine Narben. Die Muskelschicht wird dicker, die Innenwand ebenfalls, hier wird Cholesterin eingelagert – das Gefäß wird insgesamt enger und starrer. Bei erneut oder weiterhin erhöhtem Blutdruck brechen wieder mikroskopisch kleine Risse auf. Aus neuen Verletzungen werden jedesmal Reizstoffe freigesetzt, die eine Entzündungsreaktion unterhalten, an deren Ende die Verengung oder gar der Verschluß der Ader stehen

21

kann. Ohne Blutfluß aber fehlt der Sauerstoff, Grundvoraussetzung jeden Lebens. Ohne Versorgung, ohne Energiezufuhr übersäuern die empfindlichen Zellen nach wenigen Minuten und sterben ab. Besonders dramatisch stellen sich die Folgen dar, wenn Hirn- und Herzmuskelgewebe betroffen sind. Der „Schlag" und der Infarkt treffen jährlich so viele Menschen, daß die Herz-Kreislauf-Krankheiten als Todesursache Nummer 1, noch vor Krebs und Unfällen, inzwischen zum volkswirtschaftlichen Problem wurden. Daher stehen die Ursachen – speziell des Herzinfarktes – im Mittelpunkt umfangreicher wissenschaftlicher Forschungen.

Neben den Risikofaktoren Fettstoffwechselstörungen, hoher Blutdruck, Rauchen, Zuckerkrankheit, genetische Belastung, erhöhter Harnsäurespiegel des Blutes und chemische (z. B. hormonelle) Faktoren fanden Psychosomatiker und Psychologen interessante Persönlichkeitsmerkmale heraus, die sich bei Herzinfarktpatienten gehäuft fanden.

Der Erfolgreiche und sein Herzzentrum

Ein beruflich erfolgreicher Mann in den besten Jahren: aggressiv und wettbewerbsorientiert, manchmal auch ungeduldig und hastig, so strebt er ehrgeizig nach Anerkennung. Er handelt rücksichtslos gegen sich und andere, Untergebene führt er streng, Konkurrenten haben nichts zu lachen.

So beschreiben Psychosomatiker das Typ-A-Verhalten, das inzwischen als eigenständiger Risikofaktor für Herzinfarkte angesehen wird. Die gefährlichen Eigenschaften entsprechen ausgerechnet einem Verhalten, das üblicherweise als erfolgversprechend im modernen, beruflich harten Wettbewerb angesehen wird. Einen solchen dynamischen „Machertyp" stellen Personalleiter gerne ein. Sie wissen, daß er sich „bis zum letzten Atemzug" bedingungslos für seine Aufgabe einsetzen wird. Bei manchen Typ-A-Menschen, in der ganz überwiegenden Mehrheit Männer, ist dieser Einsatz bis zum äußersten wörtlich zu nehmen. Frauen sind seltener betroffen, was wahrscheinlich zwei Gründe hat:

– Unsere Gesellschaft erwartet von Frauen eher eine helfende, selbstlose Handlungsweise, und entsprechend werden Mädchen bereits anders erzogen.

– Teilweise dürfte das Typ-A-Verhalten genetisch und hormonell durch hohe Testosteronspiegel mitbeeinflußt sein. Davon sind naturgemäß Frauen weniger betroffen.

Interessanterweise zeigen Spitzenmanager zwar oft ein Typ-A-Verhalten, fallen Gefäßerkrankungen und Herzinfarkten jedoch nicht – wie man vielleicht erwarten könnte – reihenweise zum Opfer, so daß man den Ausdruck „Managerkrankheit" völlig streichen sollte. Moderne Manager denken lösungsorientiert und bemühen sich in den letzten Jahren – weil sie um das gesundheitliche Risiko ihrer Lebens- und Arbeitsweise wissen – verstärkt um entsprechenden Ausgleich. Deshalb wundern Sie sich nicht, sollten Sie in einem Yogakurs einem Manager begegnen!

„Dieser Typ-A ist ja ziemlich genau das Gegenteil eines Yogis", wird jetzt der Yogi einwerfen.

Stimmt. Aber Vorsicht! Wer sich nun selig lächelnd zurücklehnen mag, zufrieden darüber, daß die Wissenschaft bestimmte Beobachtungen oder Vermutungen bestätigt, handelt womöglich vorschnell. In der Tat werden einige der Typ-A-Verhaltensweisen ausdrücklich im *Yama*, den moralischen Verboten, die nach Patanjali den ersten Schritt im achtgliedrigen *Yoga-Astanga* darstellen, abgelehnt. Das Nicht-Begehren und Nicht-Annehmen ist natürlich unvereinbar mit dem Streben nach Anerkennung und Wettbewerbsorientiertheit. Im weiteren Sinn könnte das Nicht-Töten als Verzicht auf Aggressivität angesehen werden. Tatsächlich würde ein vorbildlicher Yogi, der sich konsequent in seinen Lebensgewohnheiten an *Patanjalis Yoga-Sutras* orientiert, wie der leibhaftige Gegensatz zum Typ-A wirken.

„Na also", wird der Yogi sagen, „das ist doch der Beweis! Yoga hilft also gegen Streß. Das haben wir doch schon immer gewußt."

„Ach", mag da der Mediziner als Wissenschaftler einwenden, „und wenn es gar nichts mit der Yogapraxis zu tun hat? Was ist, wenn

Menschen, die sowieso nicht zu dem Typ-A-Verhaltensmuster neigen, sich eher dazu entschließen, Yoga zu praktizieren?"

Kein schlechter Einwand, wie wir noch sehen werden. Zunächst wollen wir diese Aussagen so stehen lassen, damit – wer möchte – ein wenig über diese Standpunkte meditieren kann. Ein weiterer interessanter Zusammenhang, über den nachzudenken lohnt, ist die symbolische Bedeutung des *Herzchakras* und der ihm zugeordneten Eigenschaften, verglichen mit dem Typ-A-Verhaltensmuster. Für den Mediziner und andere Leser, denen das Modell der *Chakras* nicht geläufig ist, sei hier ein kurzer erläuternder Einschub gestattet. Fünf der sieben Chakras liegen entlang der Wirbelsäule, zwei im Kopf.

Abbildung 1: Die detaillierte Darstellung der sieben Chakras

Die Chakras sind über drei wichtige Energiekanäle (*Sushuma, Ida* und *Pingala*) miteinander verbunden. Um es hier noch einmal zu betonen, weil durch die Yoga-Literatur leider immer wieder die gleichen Mißverständnisse spuken: Die Chakras sind *nicht* mit grobstofflichen Strukturen, also keinesfalls mit Drüsen oder anderen Organen gleichzusetzen. Sie sind erfahrbar, können subjektiv wahrgenommen werden, bleiben aber dem Anatomen verborgen. Jedes Chakra steht für einen menschlichen Erfahrungsbereich. Im esoterischen Sinne werden jedem Chakra eine bestimmte Farbe, eine Anzahl Lotusblätter, ein symbolisches Bild und ein Mantra zugeordnet.

Das *Anahata-Chakra*, also das Herzzentrum, steht für Kontakt und Abgrenzung, Nähe und Distanz. Themen des Chakras sind: Harmoniestreben, Verständnis, Mitleid, Großzügigkeit und Liebe, aber auch Ablehnung. Seine Prägung erfährt es mit der Erlangung des Urvertrauens. Die zugeordneten Farben sind grün, rosa und golden, manchmal sogar rauchfarben; das entsprechende Element ist die *Luft* und das Symbol der *zwölfblättrige Lotus*. Von den Sinnesorganen ist hier der *Tastsinn* zugeordnet, also *berühren, berührt* oder *gerührt* werden. Das *Anahata-Chakra* verbindet als Mitte die unteren Energiezentren mit ihren noch teilweise „animalischen" Themen mit den höheren Chakras, bei denen die spirituelle Entwicklung im Vordergrund steht. Für die *Sufis*, islamische Mystiker, die eine ganze Reihe an Yogapraktiken einsetzen, ist die Entwicklung des Herzchakras Mittelpunkt ihrer gesamten Übungspraxis.

Zu jedem Chakra lassen sich bestimmte Symbole und Erfahrungsbereiche zuordnen. Bei Störungen des Herzchakras kann es zum einen zu Distanzlosigkeit, Vertrauensseligkeit und Selbstverleugnung, zum anderen zu fehlendem Urvertrauen, Intoleranz, Schadenfreude und Herzlosigkeit bis hin zu Autismus kommen. Auch der aggressive, konkurrierende, sich durchsetzende Typ-A scheint hier an „Herzenskälte" zu leiden, an einer Energiesperre seines Herzchakras, wie es ein Esoteriker ausdrücken würde.

„Viel zu gewagt, das ist doch reine Spekulation, dieses angebliche Energiezentrum", wird hier der Mediziner widersprechen.

Vielleicht. Klingt aber trotzdem recht schlüssig, oder? Und so wäre der berufliche Erfolg letztendlich doch zu teuer erkauft.

Aus dem Takt geraten – das gebrochene Herz

Neben der Erhöhung des Blutdrucks setzt der Streß aber auch auf andere Weise dem Herzen zu: Die Streßhormone Adrenalin und Noradrenalin erhöhen die Herzfrequenz (wie wir im Abschnitt über die physiologischen Wirkungen von Streß bereits erfahren haben) und vermindern zugleich die Eigenversorgung des Herzens mit frischem Blut. Mit dem beschleunigten Puls steigt die Gefahr von *Rhythmusstörungen* – der Sinusknoten, der komplizierte elektrophysiologische Taktgeber im linken Vorhof des Herzens, gerät aus dem Takt, und wenn der nächste Schlagimpuls erfolgt, ohne daß das Herz wieder bereit ist, sich noch nicht „abgeregt" hat, kann das Herz stehen bleiben. Dieser dramatische plötzliche Herztod wird gerne in Literatur und Film dargestellt. Der Held erhält eine zutiefst aufwühlende, schockierende Nachricht, also ein Stressor stärksten Ausmaßes, man sieht ihn entsetzt, das Gesicht in Großaufnahme (und ahnt, daß im Innern die Streßhormone wild sprudeln), bis er plötzlich zutiefst überrascht mit schmerzverzerrtem Gesicht eine Hand zur Brust führt und still entseelt niedersinkt. Ein schöner, dramatischer und im symbolischen Sinn bedeutungsvoller Tod – *das gebrochene Herz.* Tatsächlich kann in dieser Situation nur noch ein kräftiger elektrischer Schlag mit dem Defibrillator das blockierte Herz wieder auf Trab bringen. Diese Situation stellt einen der Höhepunkte der modernen, maschinengestützten Medizin dar und wird daher in Fernseharztserien gerne mindestens einmal pro Folge gezeigt.

Streß – ein Massenkiller?

Ist dem allgegenwärtigen Streß, diesem gefährlichen Killer, überhaupt noch zu entkommen? Oder ist eigentlich das ganze Leben „sowieso alles nur Streß", was manche meinen? Schon bevor das „Phänomen Streß" durch die Fernsehreihe und das gleichnamige Buch von *Frederic Vester* größeren Bevölkerungskreisen bekannt wurde, hat es nicht an Versuchen gefehlt, wie die Be- und Überlastung wohl zu bewältigen sei. Immer wieder begannen die Wissenschaftler dabei mit der Frage, was Streß denn überhaupt ist. Ganz am Anfang hatten ja, wie wir schon gehört haben, rein physiologische Beobachtungen körperlicher Reaktionen gestanden. Erst später wurden auch psychologische Aspekte untersucht und führten zur Entdeckung des bereits erwähnten Typ-A-Verhaltens als Risikofaktor für Herz-Kreislauf-Krankheiten.

Eine der schwierigsten Fragen ist die, was **Stressoren** (also streßauslösende Reize) überhaupt sind. Warum diese Frage so schwierig zu beantworten ist, leuchtet sicher ein – die Wertung eines Reizes erfolgt individuell. Was den einen bereits in arge Bedrängnis bringt und zur schwer zu verkraftenden Belastung wird, mag für einen anderen kaum der Rede wert zu sein; vielleicht fühlt er sich bei geringeren Belastungen sogar regelrecht gelangweilt und unterfordert.

Mit ausgeklügelten Fragebögen und komplizierten statistischen Berechnungen versuchen die Streßforscher Belastungen durch kritische Lebensereignisse in Zahlen zu fassen. Als solche „sozialen" Stressoren gelten: *Verlust des Partners* und anderer wichtiger Bezugspersonen durch Trennung oder Tod, eigene *Krankheit, berufliche Probleme* und *soziale Konflikte*.

Aber sogar erfreuliche oder eher als angenehm erlebte schwerwiegende Veränderungen wie *Hochzeit, Schwangerschaft* und *persönlicher Erfolg* können belastend sein. Im Gegensatz zu solchen extremen Veränderungen der Lebenssituation wird von den amerikanischen Wissenschaftlern *Lazarus* und *Folkman* die Auffassung vertreten, es seien mehr die kleinen, alltäglichen Anforderungen, die zu ständigen Auseinandersetzungen mit Bewältigungsstrategien zwängen und so schließlich zu psychosomatischen Beschwerden und Erkrankungen führten. Welche These nun stimmt, ist noch nicht endgültig entschieden. Vielleicht ist auch an beiden etwas dran, schließlich reagieren wir alle ohnehin verschieden auf die gleiche Situation.

Möglicherweise gibt es mehrere Typen, die für Veränderungen in ihrem Leben unterschiedlich empfindlich sind. Weil es immer komplizierter scheint, je mehr man erforscht, und weil es so natürlich auch immer schwieriger wird, generelle Aussagen treffen zu können, konzentrieren sich die Wissenschaftler neuerdings auf die Untersuchung der „*Person-Umwelt-Interaktion*", d. h. die Wechselbeziehung zwischen der Person und ihrer Umwelt. Dabei kristallisiert sich immer mehr heraus, was wir schon bei den Schachspielern gesehen haben: Streß mit aktiver Handlungsfähigkeit kann besser ausgehalten werden als das rein passive Erdulden einer Belastungssituation.

Nachdem wir gesehen haben, wie Streß unserem Körper schaden kann, interessiert uns natürlich am meisten die Frage, wie wir ihn erfolgreich bewältigen können.

Was ist Streßbewältigung?

Die Auswirkungen des Disstreß, also der schädigenden Belastungen, sind abhängig von der Fähigkeit des Individuums, erfolgreiche **Bewältigungsstrategien** (in der Fachsprache *Coping* genannt) zu entwickeln. Die Ausbreitung psychosomatischer Erkrankungen, deren Entstehung mit Streß in Verbindung gebracht wird, zeigt deutlich, daß der Bedarf an solchen Bewältigungsstrategien nach wie vor sehr groß ist. Erschwert wird die Bewältigung von Streß durch weit verbreitete, erlernte „Fehlverarbeitungsreaktionen" wie Konsum von Nervengiften (z. B.: Alkohol, Nikotin, Koffein, andere Drogen und Medikamente), ungesunde Ernährung, Bewegungsarmut, zusätzliche schädigende Reize wie Lärm oder Autoabgase und fehlende oder falsche seelische Verarbeitung von unangenehmen Emotionen wie Wut, Ärger und Trauer.

Standen früher mehr die krankheitsverursachenden Modelle des Streß im Vordergrund, werden jetzt zunehmend die schützenden Aspekte erforscht. Eine gegen Streß besser gerüstete, widerstandsfähige Persönlichkeit verfügt demnach über folgende Eigenschaften:

– *Engagement* im Sinne einer Überzeugung, die eigene Wertigkeit und die eigenen Handlungen betreffend,

– ein Gefühl der *Kontrolle* über die erlebten Ereignisse und die Wahrnehmung der Veränderungen als Herausforderung anstelle einer Bedrohung.

– Außerdem ist sie *optimistisch*.

Die Streßbewältigung kann auf mehreren Ebenen angestrebt werden:

– zur *problembezogenen* Ebene gehören Bemühungen, Stressoren kontrollierbar zu machen bzw. sich ihnen zu entziehen und zu sachlichen Lösungen der Streßsituation zu kommen;
– auf der *kognitiven* (Verständnis-)Ebene kann versucht werden, eine veränderte Bewertung der Streßsituation und der Auslöser zu erreichen;
– die *körperliche Ebene* läßt sich durch eine Steigerung der physischen Fitneß und teilweise über Lernvorgänge beeinflussen; der vegetative Tonus kann dadurch zugunsten des Vagus verschoben und eine „funktionelle Deafferentierung", also eine geringere Reaktion auf bestimmte Außenreize, mit übenden Verfahren trainiert werden;
– *veranlagungsbedingte Bewältigungsstrategien* können auf ihre Wirksamkeit oder Schädlichkeit (z. B. Typ-A-Verhalten, Nikotinkonsum usw.) hin hinterfragt und gegebenenfalls durch neu zu erlernende Verfahren ersetzt werden;
– auf *sozialer* Ebene ist die Suche und Aktivierung von Unterstützung durch andere möglich.

Vor allem auf der körperlichen Ebene wirken die Verfahren zur Selbstentspannung. In Deutschland ist das *Autogene Training* am weitesten verbreitet. Es wurde von *J. H. Schultz*, einem Nervenarzt, in den zwanziger Jahren aus Elementen der *Hypnose* und der *Totenhaltung (Shavasana)* des Yoga entwickelt. Die Grundstufe des Autogenen Trainings besteht aus sechs Übungen, bei denen durch die innerliche Wiederholung autosuggestiver Formeln bestimmte körperliche Empfindungen erreicht werden sollen:

1. *Schwereübung*: dient zur Muskelentspannung
2. *Wärmeübung*: dient zur Entspannung der Blutgefäße
3. *Herzübung*: dient zur Beeinflussung des Herzrhythmus
4. *Atemübung*: dient zur Beeinflussung des Atemrhythmus
5. *Sonnengeflechtsübung*: dient zur Beeinflussung des Solarplexus und der von ihm gesteuerten Bauchorgane
6. *Kopfübung*: versucht eine seelische Ruhigstellung zu erreichen.

Das Autogene Training wird nur von ausgebildeten Ärzten und Diplom-Psychologen gelehrt, weil in den Übungen versucht wird, das vegetative Nervensystem zu beeinflussen, was nicht ungefährlich ist.

In der *Oberstufe* des Autogenen Trainings steht die Vorstellung bestimmter innerer Bilder im Vordergrund, die als psychologische Projektionsfläche dienen, um Konflikte oder seelische Störungen aufzulösen. Fast fließend ist hier der Übergang zu anderen imaginativen Verfahren wie den seit einigen Jahren populär gewordenen *Traumreisen*, einigen Übungen des *Yoga-Nidra* und bestimmten psychotherapeutischen Verfahren wie dem *Kathathymen Bilderleben*. Neben den oben erwähnten Zielen können mit dem Autogenem Training folgende Veränderungen erreicht werden:

– Resonanzdämpfung des Affekts (eine geringere Gefühlsreaktion), dadurch eine Abnahme von Angst und eine Förderung des Schlafes
– Erholung mit geistiger Leistungssteigerung
– Selbstregulierung ursprünglich unwillkürlicher Körperfunktionen
– Schmerzlinderung und -distanzierung
– Selbstkritik und -kontrolle durch „Innenschau" in der Versenkung
– Selbstbestimmung durch in die Versenkung eingebaute formelhafte Vorsätze, die wie posthypnotische Suggestionen wirken.

Vor allem in den USA wird vorwiegend die *Progressive Muskelrelaxation* nach *Jacobsen* praktiziert. Diese Methode entstand in etwa zeitgleich mit dem Autogenen Training und unterscheidet sich von diesem sehr deutlich in der Art, wie die Entspannung herbeigeführt wird: Einzelne Muskelgruppen werden bewußt stark angespannt, dann losgelassen, wobei es reflektorisch nach dem Anspannungsreiz zu einer Entspannung kommt. Das Ziel wird mit mehr aktiver Tätigkeit erreicht als bei dem Autogenen Training.

Die enge Verwandtschaft mancher Yogaübungen mit Techniken, die gezielt für eine körperliche Entspannung und Streßbewältigung entwickelt wurden, legt nahe, daß wahrscheinlich ähnliche Wirkungen zu erwarten sind. Trotzdem sollten wir uns zunächst einmal der Frage widmen, welche körperlichen Veränderungen überhaupt durch Yogapraxis bewirkt werden.

Bevor wir damit beginnen, wollen wir jedoch in einer Übung die Yogaentspannung praktisch erfahren und ausprobieren. Nehmen Sie auch diese Übung auf Kassette auf oder lassen Sie sie sich vorlesen.

*Übung 2: **Yoganidra** (die Tiefenentspannung):*

Legen Sie sich auf den Rücken, möglichst bequem, so daß Sie sich nicht mehr bewegen müssen. Wenn Sie zum Frieren neigen, können Sie sich mit einer dünnen Baumwoll- oder Wolldecke zudecken.

Legen Sie einatmend die Arme neben den Kopf, verschränken die Daumen und schieben Sie die bis in die Fingerspitzen gestreckten Arme und die Fersen weg vom Körper, machen sich noch einmal ganz lang. Legen Sie dann die Arme ausatmend wieder neben den Körper, die Handflächen nach oben, so bequem wie möglich. Strecken Sie dann einatmend Hinterkopf und Fersen weg vom Körper und ziehen einatmend Kinn und Zehen etwas an. Kontrollieren Sie ein letztes Mal, ob Sie auch wirklich bequem liegen oder noch irgendwelche Korrekturen notwendig sind.

Dann schließen Sie die Augen und wenden Sie ganz bewußt Ihre Aufmerksamkeit nach innen, auf das, was in Ihrem Körper passiert. Beginnen Sie den Bauchraum zu spüren. Fühlen Sie die Atembewegung im Bauch. Das Öffnen und Weitwerden mit der Einatmung, das Nachgeben und Loslassen der Bauchdecke mit der Ausatmung. Lassen Sie zu, daß sich Ihre Bauchdecken mit jeder Ausatmung tiefer entspannen. So, als gäben Sie alle Spannung mit der ausgeatmeten Luft ab. Einatmend fühlen Sie wieder die Öffnung des Bauchraums, dann das weiche Zurücksinken mit der Ausatmung. Sollten Sie hier oder sonstwo im Körper Verspannungen oder Mißempfindungen spüren, so beobachten Sie diese aufmerksam und wertfrei. Sie können Ihrem Körper auch erlauben, immer tiefer zu entspannen.

Gehen Sie weiter, spüren Sie das Becken in seiner ganzen Weite. Fühlen Sie die Hüftgelenke, den Beckenboden, Anus und Genitalien. Lassen Sie ausatmend wieder zu, daß sich der Körper hier noch tiefer entspannt. Mit der Einatmung wieder öffnen, weitwerden, wie um Raum zu schaffen für frische Energie.

Dann die Beine. Spüren Sie die Kontaktflächen zum Boden, die Auflagepunkte. Geben Sie das Gewicht der Beine mit der Ausatmung an den Boden ab. Lassen Sie sie einatmend weit werden, sich öffnen. Lassen Sie die Entspannung bis in die Füße fließen.

Danach kehren Sie noch einmal mit der Aufmerksamkeit zur Atembewegung im Bauchraum zurück. Lassen Sie sich von dem ruhigen, langsamen Rhythmus tragen. Wenden Sie Ihre Aufmerksamkeit auf den Brustkorb. Wie er sich ebenfalls einatmend öffnet, vielleicht nur wenig, aber spürbar. Auch der Brustkorb kann sich ausatmend entspannen, nachgeben. Und wieder öffnen und weitwerden für die Kraft mit der Einatmung.

Gehen Sie weiter in die Schultern. Spüren Sie nach, beobachten Sie alle Empfindungen. Ausatmend wieder die Entspannung zulassen, damit sie sich ganz von alleine einstellt, und einatmend öffnen, Raum schaffen.

Jetzt fühlen Sie die Arme in ihrer ganzen Länge. Geben Sie ihr Gewicht an den Boden ab. Entspannung bis in die Fingerspitzen mit der Ausatmung erlauben, mit der Einatmung weit werden.

Spüren Sie den Nacken und Hals. Geben Sie das Gewicht des Kopfes ganz an den Boden ab, die Entspannung darf sich in der Hals- und Nackenmuskulatur mit der Ausatmung fortsetzen. Und auch hier einatmend eher ein Gefühl von Weite und Offenheit.

Spüren Sie dann den Kopf und das Gesicht. Die Gesichtsmuskeln dürfen sich entspannen, weich werden, vor allem Mund, Zunge und Kaumuskulatur sowie die Augäpfel.

Wenn sich so Ihr ganzer Körper ruhig und entspannt anfühlt, nur noch Atmung und eventuell der Herzschlag spürbar sind, dann kehren Sie mit der Aufmerksamkeit wieder in den Bauchraum zurück. Vielleicht fühlen Sie eine Wärme im Körper, die sich ausbreitet oder pulsiert. Achten Sie auf die Bewegungen dieser Wärme. Spüren Sie, wo die Wärme frei fließen kann. Beobachten sie alle Körperempfindungen vorurteilsfrei mit der Neugier eines kleinen Kindes und der Genauigkeit eines Preisrichters.

Stellen Sie sich ein angenehmes helles Licht vor, das Sie mit jedem Atemzug durch die Nasenlöcher bis zum Bauchraum aufnehmen. Mit jeder Einatmung mehr Licht. Und ein Gefühl von Wärme. Wenn sich dieses Licht im Bauchraum angesammelt hat, lassen Sie es ausatmend in alle Richtungen in den ganzen Körper weiterströmen. Mit jeder Einatmung hingegen nehmen Sie weiter die Lichtenergie auf. Atmen

Sie so weiter, und lassen Sie die Lichtenergie in den gesamten Körper fließen. Beobachten Sie, wie sich das anfühlt.

In dieser tiefen Entspannung bleiben Sie so lange, wie es Ihnen gefällt. Wenn Sie die Übung beenden möchten, konzentrieren Sie sich zunächst darauf, wo jetzt Ihr Körper liegt und was Sie tun. Richten Sie langsam und bewußt mit jeder Einatmung Ihre Aufmerksamkeit wieder auf die Außenreize. Zuletzt öffnen Sie einatmend die Augen, strecken die Arme neben dem Kopf nach hinten weg und machen sich noch einmal ganz lang.

Nach der Einleitung der Tiefenentspannung kann man auch in eine *Phantasie-* oder *Traumreise* übergehen, mit Bildern und Symbolen, die auf das Unterbewußte einwirken. Als besonders hilfreich haben sich dabei Naturszenarien erwiesen, die man beschreibt. Dabei sollte darauf geachtet werden, daß möglichst alle Sinnesreize in der Suggestion angesprochen werden, also auch Geruch und Geschmack nicht vergessen. Grundsätzlich sollten bei allen Entspannungsübungen kurze, leicht verständliche Sätze verwandt werden und negative Formulierungen wie Verneinungen vermieden werden, um keine unnötigen Widerstände und Ängste zu erzeugen. Wie der Name schon sagt, ist bei einer solchen Übung Phantasie sehr wichtig. Vergessen Sie nicht: In Ihrer Phantasie ist alles möglich, was Sie wollen! Also keine falsche Zensur.

Als Beispiel (und zugleich als Anregung, sich selbst solche Reisen auszudenken) folgt hier eine Traumreise:

Übung 3: *Der Flug der weißen Wolke – eine Traumreise*

[Benutzen Sie die gleiche Einleitung wie für die Tiefenentspannung *Yoganidra*]

Sie liegen ganz bequem auf einer weichen Sommerwiese. Sie riechen das Gras und die Blumen und lassen sich von der Erde tragen. Sie spüren den festen Boden unter sich. Sie liegen einfach nur da und blicken zum strahlend blauen Himmel. Langsam ziehen helle Wolken vorüber. Sie hören den Wind sanft durch die Gräser und Blätter der

Bäume fahren. Sie spüren die Wärme der Morgensonne warm auf der Haut. Sie fühlen sich wohl, einfach nur dazuliegen.

Sie sehen am Horizont eine neue Wolke auftauchen, ganz weiß. Sie wissen, daß diese Wolke etwas ganz Besonderes ist. Sie beobachten, wie sie langsam näher kommt und größer wird. Als die weiße Wolke genau über Ihnen steht, beginnt sie langsam hinabzusinken, hinunter zu Ihnen. Sie spüren, wie die Wolke immer näher kommt. Sie fühlt sich warm und weich an. Sachte werden Sie von der Wolke umhüllt. In der Wolke spüren Sie eine tiefe Ruhe. Die Wolke trägt sie, trägt das ganze Gewicht Ihres Körpers und läßt Sie langsam mit nach oben schweben. Sie genießen das Gefühl, so getragen zu werden. Sie fühlen sich sicher in der weichen, warmen Wolke. Sie hören den Wind, wie er die Wolke sanft vorantreibt. Vielleicht möchten Sie noch einmal nach unten schauen, um die Wiese zu sehen, die Landschaft, wie sie langsam kleiner werden.

Spüren Sie Ihre Atmung. Fühlen Sie, wie Sie mit Ihrer Atmung die Wolke sanft steuern können. Ein- und ausströmen lassen. Lassen Sie die Landschaften unter sich vorbeiziehen, betrachten Sie Wälder und Flüsse, Gebirge und Meere. Die Landschaften erscheinen vertraut, dabei zugleich fremd und neu.

Vielleicht mögen Sie irgendwann einmal eines der fremden Länder näher kennenlernen. Dann lassen Sie die Wolke langsam tiefer sinken, bis Sie die Landschaft besser erkennen können. Vielleicht Wälder mit Bäumen, eine Steppe oder eine Gebirgslandschaft. Betrachten Sie die fremden Pflanzen. Vielleicht auch Tiere. Wenn Sie dazu bereit sind, lassen Sie mit der Ausatmung die Wolke zur Erde sinken. Vielleicht mögen Sie aufstehen und ein wenig in dem neu entdeckten Land spazierengehen. Spüren Sie den Boden unter Ihren Füßen. Betrachten Sie die Pflanzen und Tiere. Hören Sie ihre Geräusche und Stimmen. Riechen Sie den Geruch der Natur, nehmen Sie ihn in sich auf. Mit jeder Einatmung. Gehen Sie ein wenig umher.

Sie spüren ein Lebewesen, das Ihnen nahe ist. Ein Lebewesen, das Freundlichkeit ausstrahlt. Gehen Sie ihm entgegen. Vielleicht ist es ein Tier, das auf sie wartet. Vielleicht möchten Sie es berühren, seine Kraft spüren. Nehmen Sie diese Kraft in sich auf. Mit der Einatmung. Vielleicht möchten Sie Gefühle oder Empfindungen abgeben. Mit jeder Ausatmung. Nehmen Sie einatmend die Kraft des Tieres in sich auf. Vielleicht hat es sogar eine Botschaft für Sie. Bleiben Sie, solange Sie möchten. Sie wissen, daß Sie hierher zurückkehren können.

Wenn Sie wieder gehen wollen, kehren Sie zu Ihrer Wolke zurück. Verabschieden Sie sich von Ihrem Land. Legen Sie sich wieder in die Wolke. Lassen Sie sich umhüllen. Und tragen. Warm und weich. Lassen Sie die Wolke mit Ihrer Atmung langsam aufsteigen. Sehen Sie, wie das Land unter Ihnen kleiner wird. Sie schweben mit der weißen Wolke über Meere und Gebirge, Flüsse und Wälder. Sie kehren zu Ihrer Sommerwiese zurück. Sachte sinkt die Wolke zu Boden. Und legt Sie sanft auf der Wiese ab. Dann löst Sie sich von Ihnen und steigt langsam wieder auf. Sie wird kleiner, der Wind packt sie, läßt sie davonschweben. Sie sehen sie am Horizont verschwinden. Sie spüren das Gras unter Ihrem Körper, riechen die Blumen. Sie hören das Rauschen des Windes.

Sie atmen sich langsam zurück, mit jeder Einatmung etwas wacher, erinnern Sie sich daran, wo Ihr Körper liegt und wie Sie gleich, wenn Sie die Augen öffnen werden, wieder ganz wach sein werden, wach und offen für Ihre Umgebung, mit der Einatmung die Aufmerksamkeit wieder nach außen richten, wach werden. Öffnen Sie Ihre Augen!

Entspannt und gestärkt, wie Sie sind, fühlen Sie sich jetzt sicherlich in der Lage, den steinigen Pfad zur wissenschaftlichen Erforschung des Yoga zu betrachten.

3. Kapitel

Die wissenschaftliche Erforschung des Yoga

Der steinige Pfad zur wissenschaftlichen Erforschung des Yoga

Als ich vor einigen Jahren eine eigene wissenschaftliche Arbeit über körperliche und seelische Wirkungen von Yoga plante und einer Yogalehrerkollegin davon erzählte, antwortete sie überrascht, fast entrüstet: „Das hat der Dr. Spiegelhoff doch schon alles erforscht!" Tatsächlich hat *Dr. Spiegelhoff* zusammen mit seinem indischen Kollegen *Dr. Mukerji „Yoga und unsere Medizin"* herausgegeben, das erste Yogabuch mit wissenschaftlichem Anspruch in der Bundesrepublik. In der DDR veröffentlichte der Leipziger Physiologe *Dr. Dietrich Ebert* die Monographie *„Physiologische Aspekte des Yoga"* – in einer politischen Umwelt, in der die ernsthafte Auseinandersetzung mit dem Yoga aus ideologischen Gründen schon prinzipiell suspekt war. Die Wurzeln der wissenschaftlichen Studien über Yoga reichen bis in die zwanziger Jahre zurück, als *Swami Kuvalayananda* im *Kaivalyadhama-Institut* in Lonavla erstmals den Blutdruck während der Ausführung von Umkehrhaltungen maß. Diese Pioniere hatten – wie auch alle späteren wissenschaftlichen Erforscher des Yoga – mit schwierigen methodischen Problemen zu kämpfen. Um zu wirklich klaren Ergebnissen bei wissenschaftlichen Untersuchungen zu kommen, müssen mögliche Unwägbarkeiten ausgeschlossen werden, und man benötigt für verläßliche Statistiken viele Versuchspersonen, die sich zudem in vielen Einzelheiten ähneln sollten. Auch die zu untersuchende Technik sollte standardisiert sein, was naturgemäß bei der Praxis des Hatha-Yoga extrem schwierig ist. Es existiert eine fast unübersehbare Zahl verschiedener Haltungen und anderer Übungen, und die Anweisungen zu deren Ausführung unterscheiden sich bei bekannten Gurus und Meistern zum Teil beträchtlich. Da zudem jeder Yogapraktizierende seine Übungen individuell und unter Berücksichtigung seiner speziellen körperlichen und seelischen Verfassung ausführen muß, sind viele Bedingungen einer Untersuchung über die Wirkung von Yogaübungen kaum kontrollierbar – ein Alptraum für jeden Wissenschaftler!

Dazu mußten sich die ersten Forscher mit Anfeindungen aus allen Richtungen herumschlagen. Die Schwierigkeiten von Dr. Dietrich Ebert in der damaligen DDR wurden bereits angedeutet. In einer konformistischen Gesellschaft mit materialistischer Ideologie wurde der Yoga bestenfalls als unsinniger Hokuspokus angesehen, zum Teil gingen sogar namhafte Wissenschaftler noch weiter: Ein bekannter Gerichtsmediziner der DDR verglich das unbewegliche Verharren bei der Ausführung von Yoga-Asanas mit *Katatonie*, einer seelisch bedingten Erstarrung in bizarren Körperhaltungen im Rahmen schwerster schizophrener Psychosen. Der Versuch, den Yoga so in die Nähe einer behandlungsbedürftigen schlimmen seelischen Krankheit zu rücken, ist so absurd, daß sich jeder weitere Kommentar erübrigt.

Auf der anderen Seite gab und gibt es aber auch unter den Yogis immer noch eine ganze Reihe, die jegliche wissenschaftliche Erforschung ablehnen. So beklagte sich mir gegenüber vor Jahren ein indischer Arzt, der in einem Yoga-Ashram in Jaipur (Rajasthan, Indien) arbeitete, daß er gerne mehr über die Yogapraxis untersuchen wolle, sein Guru jedoch, der den Ashram leitete, ihn dabei sehr behindere und einschränke. Und das in einem Ashram, der ganz offiziell den Regierungsauftrag hatte, Kranke mit Yogatechniken zu behandeln und die Ergebnisse zu veröffentlichen. Auch in Deutschland begegnet man gelegentlich noch dieser Skepsis. Wahrscheinlich liegt ihr ein Mißverständnis und eine tiefsitzende Angst zugrunde, daß die angenehmen eigenen Erfahrungen in der Praxis durch eine wissenschaftliche Erforschung „entzaubert" und damit entwertet werden können. Diese Befürchtung ist meines Erachtens völlig unbegründet. Das subjektive Erleben und die Untersuchung physiologischer und sogar psychologischer Effekte spielen sich auf unterschiedlichen Ebenen ab, und eine Vermischung ist unzulässig. Wenn Sie, lieber Leser, während einer Pranayama-Übung ein feines Vibrieren oder Pulsieren in der Brustkorbmitte verspüren und glücklich sind, endlich Ihr Herzchakra wahrnehmen zu können, dann ist diese Erfahrung nicht mit dem Hinweis wegzudiskutieren, anatomisch sei keine Struktur nachweisbar, die dem Herzchakra entspreche. Wenn das Herzchakra sich auf der grobstofflichen Ebene nicht finden läßt, beweist das lediglich, daß die Untersuchungstechnik nicht für diesen Zweck geeignet war. Die Empfindung des Meditierenden sollte davon völlig unberührt bleiben; sie kann damit nicht „widerlegt" werden.

Auch in anderen Bereichen wurden schon körperliche Begleitreaktionen intensiver seelischer Prozesse beobachtet, ohne daß die Erfahrungen dadurch ihren Zauber verloren hätten. So wurde festgestellt, daß der Mensch im Zustand des Verliebtseins eine Beschleunigung der Herzfrequenz, Appetitlosigkeit und eine Erweiterung der Pupillen zeigt. Das sind übrigens – wie Sie sicher bereits erkannt haben – typische Symptome einer Streßreaktion. Aber – Hand aufs Herz – glaubt irgend jemand allen Ernstes, daß er sich aufgrund dieses Wissens nicht mehr verlieben könne?

Die Pioniere der Yogaforschung waren in der überwiegenden Mehrzahl nicht nur Wissenschaftler, sondern auch Yogapraktiker, die allen Widrigkeiten zum Trotz ihre Arbeit weiterentwickelten, und so liegt uns heute schon eine Fülle von Studien vor, auch wenn keineswegs, wie die Yogalehrerin zu Beginn des Kapitels meinte, alles schon erforscht ist.

Manche naheliegenden Annahmen konnten bestätigt, andere widerlegt werden, und neben einigen banalen Ergebnissen wartet noch eine Reihe von Überraschungen auf uns. Wegen der besseren Übersichtlichkeit wollen wir uns die physiologischen und psychologischen Wirkungen getrennt anschauen. Wer sich besonders eingehend mit der Thematik physiologischer Wirkungen von Yoga beschäftigen möchte, der sei auf das gleichnamige Buch von *Dr. Dietrich Ebert* (Gustav-Fischer-Verlag) sowie auf den Beitrag desselben Autors in *Der Weg des Yoga* (herausgegeben vom *Bund Deutscher Yogalehrer* im Verlag Via Nova) verwiesen. Darin finden sich auch weitere grundlegende Texte über die Anatomie und Physiologie des Menschen von *Dr. Spiegelhoff* und über westliche Psychologie und Yoga von *Anne Borchard* und *Carsten Unger*. Diese Beiträge sind jedem Yogapraktizierenden und selbstredend jedem Yogalehrer zu empfehlen.

Ist Yoga meßbar?
Physiologische Wirkungen von Yoga und Meditation

Bevor wir beginnen, sei folgende Anmerkung erlaubt: Die meisten wissenschaftlichen Untersuchungen über die physiologischen Wirkungen von Meditation beziehen sich auf die seit Ende der sechziger Jahre von dem Inder *Maharishi Mahesh Yogi* aus dem klassischen *Raja-Yoga* („Königlicher Yoga", bei dem die geistige Entwicklung im Vordergrund steht) entwickelte *Transzendentale Meditation (TM)*. Das beruht im wesentlichen auf drei Gründen:

1. TM ist eine standardisierte Meditationstechnik, die leicht erlernt werden kann.
2. Aufgrund einer auch kommerziell sehr erfolgreichen Verbreitung der Technik stehen ausreichend viele Versuchspersonen zur Verfügung.
3. Innerhalb der TM nahestehenden Gruppen sind Akademiker, Wissenschaftler und Ärzte deutlich überrepräsentiert. Es erscheint naheliegend, daß diese Forscher Untersuchungen über eine Technik, von deren Wert sie selbst überzeugt sind, bevorzugt anregen oder selbst durchführen.

Die von TM-Vertretern gerne vertretene Auffassung, ihre Technik unterscheide sich – vor allem auch in ihrer Wirksamkeit – sehr deutlich von anderen Meditationsverfahren, ist nicht überzeugend. Dafür gibt es keine Belege. Auch von den TM-Forschern wurde die Tranzendentale Meditation in experimentellen Studien immer nur mit anderen Formen des Ruhens, jedoch nie mit anderen, „konkurrierenden" Meditationsverfahren verglichen.

Die *Pulsfrequenz* und der *Blutdruck* steigen nach den übereinstimmenden Ergebnissen verschiedener Untersucher während der Ausführung von Yoga-Asanas leicht an, bleiben dabei aber deutlich niedriger als die bei sportlicher Belastung erreichten Zunahmen.

Die *Sauerstoffaufnahme* erhöht sich maximal auf das Doppelte des Grundumsatzes, damit handelt es sich – für Physiologen – um vergleichsweise geringe Anstrengungen. Fortgeschrittene Yogis zeigen geringere Veränderungen als Anfänger. Das bedeutet, daß die wachsende Erfahrung im Yoga offenbar tatsächlich eine meßbare

Annäherung an die von *Patanjali* aufgestellten Grundsätze zur Ausführung von Asanas („fest und angenehm", d. h. mit möglichst geringer Anstrengung) bewirkt. Obwohl bei der relativ geringen körperlichen Belastung eigentlich kein nennenswerter Einfluß auf die Ausdauerleistung erwartet werden dürfte, läßt sich diese offenbar durch regelmäßige Yogapraxis doch deutlich steigern.

Bei *Meditation* hingegen wird eine Abnahme von Herzfrequenz und Blutdruck beschrieben. Dies wird im allgemeinen mit einer Aktivierung des vagalen Anteils des vegetativen Nervensystems (also des Gegenspielers des für die Streßreaktion verantwortlichen Sympathikus) erklärt. Sogar der *Grundumsatz* soll bei TM absinken, was den amerikanischen Meditationsforscher *H. Benson* zur These veranlaßte, die Meditation sei ein eigenständiger Zustand, der sich – auch physiologisch – deutlich vom Alltagsbewußtsein und vom Schlaf unterscheide. Weiter behauptet Benson, daß analog zur bekannten Streßreaktion ein Entspannungsreflex existiere, der aufgrund unserer unnatürlichen Lebensweise verschüttet sei, sich durch entsprechende Übung aber wieder aktivieren lasse.

Im *Hirnstrombild* (EEG) wurde während der Ausführung von Yogaasanas und Meditation eine Zunahme der Alpha-Aktivität beobachtet – Zeichen einer wachen, aber entspannten Aufmerksamkeit. Gelegentlich beschrieben Autoren in der Meditation sogar langsamere Wellen aus dem Thetaband, wie sie normalerweise nur im Schlaf auftreten.

Ein interessantes Untersuchungsfeld stellen die hormonellen Veränderungen dar. Zu beachten ist hierbei, daß starke Streßreize eine Ausschüttung und damit einen Anstieg der Blutkonzentration bei den meisten Hormonen zur Folge haben. So läßt allein der schmerzhafte Nadelstich bei der Blutabnahme die Werte bereits ansteigen.

Über die *endokrinen Effekte* von TM liegen mehrere Studien vor. So wurde von mehreren Untersuchern eine deutliche Abnahme der *Cortisolkonzentration* des Blutes nach der TM und nach *Vipassana*, einer buddhistischen Meditationstechnik, angegeben. Über das *Wachstumshormon (STH)*, die *Schilddrüsenhormone* und über *Prolactin* gibt es bislang nur vereinzelte und zum Teil widersprüchliche Untersuchungen, so daß der Forscher *M. M. Delmonte* in einer umfangreicheren Übersicht über die vorliegenden Ergebnisse keine Anhaltspunkte für typische biochemische Veränderungen feststellte. Die Katecholamine *Adrenalin* und *Noradrenalin*, die „klassischen" Streßhormone, zeigen interessanterweise keine abnehmende Tendenz; zwei Untersucher fanden bei den Meditierenden unter Streßbelastung sogar höhere Werte. In einem Fall waren diese außerdem abhängig von der Dauer der Meditationserfahrung, jedoch anders, als man annehmen möchte: Je fortgeschrittener die Meditierenden waren, desto höher waren die Werte! Aber es kommt noch merkwürdiger: Trotz dieser hohen Spiegel an Streßhormonen fand sich nicht die üblicherweise dadurch ausgelöste Sympathikusreaktion. Blutdruck und Puls blieben völlig normal. Eine mögliche Erklärung des Rätsels fand ein weiterer Forscher: Bei TM-Praktizierenden stellte er eine verminderte Ansprechbarkeit der Empfangsstellen für Katecholamine fest. Werden bei den Betreffenden die Streßhormone genau so ausgeschüttet wie bei Nicht-Meditierenden, aber können die Meditierenden deren Wirkung vielleicht einfach blockieren oder abstellen? Das würde auch die z. T. sogar höheren Hormonwerte erklären: Weil der normale Effekt der Streßreaktion nicht einsetzt, probieren es die Steuerungszentren mit einer Dosiserhöhung.

Daß der vegetative Zustand und Hormonspiegel bei Yogapraktizierenden und Meditierenden nicht unbedingt voneinander abhängig sein müssen, zeigte sich auch in einer eigenen Untersuchung, auf die wir später noch ausführlicher eingehen wollen: Obwohl die Blutspiegel der streßabhängigen Hormone Cortisol, Wachstumshormon (STH) und Prolactin während des gesamten Untersuchungszeitraums sich bei den Yogis und der Kontrollgruppe kaum unterschieden, fanden wir eine deutliche Abnahme der Herzfrequenz bei den Yogapraktizierenden während der Ausführung ihres Übungsprogramms. Das dürfte durch eine vermehrte Vagus-Aktivierung (wie erinnern uns: der Streß-Gegenspieler) bedingt sein. Interessant war dabei auch die Feststellung, daß sich die seelische Befindlichkeit in beiden Gruppen ebenfalls deutlich unterschied, obwohl die Hormonspiegel insgesamt ähnlich waren. Von einigen Wissenschaftlern wurde in der Vergangenheit behauptet, bestimmte Gefühle seien durch Hormonspiegel bedingt und somit auch rein körperlich auslösbar. Unsere Ergebnisse widersprechen eindeutig dieser These.

Völlig unbelegt sind auch die gerne und häufig kolportierten Spekulationen über die Aktivierung von bestimmten Drüsen durch Yogaasanas. So wird immer wieder behauptet, *Sarvangasana* und *Halasana* (Kerze- und Pflughaltung) beeinflußten die Aktivität der Schilddrüse. Dazu gibt es bislang meines Wissens keinerlei Untersuchung oder gar Beleg. Auch die subjektive Beobachtung einer Zunahme der Pulsfrequenz kann hier nicht als Beweis herhalten, da diese physiologisch aufgrund der aus den Beinen stammenden vermehrt zurückströmenden Blutmenge sogar zu erwarten ist.

Im Zeitalter von Gesundheitsreformen und dem dringenden Zwang der Krankenkassen zum Sparen kann die Bedeutung gerade der folgenden Untersuchung gar nicht hoch genug eingeschätzt werden. In einer großen Feldstudie wurde festgestellt, daß Meditierende im Vergleich zu ihren Altersgenossen ärztliche Leistungen erheblich weniger in Anspruch nahmen. Dabei war der Unterschied umso größer, je älter die Untersuchten waren. Übrigens blieben Gynäkologen die einzigen Fachärzte, die kaum weniger frequentiert wurden – Schwangerschaften und Geburten wurden durch die Meditation natürlich nicht weniger. In der Gruppe der Meditierenden traten jedoch Herzkrankheiten, Nervenkrankheiten, Krebs und andere Geschwülste deutlich seltener auf. Die genaueren Zusammenhänge, wie es dazu kommt, sind allerdings noch lange nicht geklärt. Hier ist sicher noch einiges Interessante zu erforschen.

Genau so erstaunlich sind die Ergebnisse einer Studie über die Auswirkungen verschiedener Entspannungstechniken auf die Sterblichkeit der Bewohner eines Altersheims. Bei einem Durchschnittsalter von 81 Jahren überlebten im Zeitraum von drei Jahren 100 % in der Meditationsgruppe, während die anderen Gruppen deutlich schlechtere Ergebnisse zeigten. Am höchsten war die Sterblichkeit unter den Bewohnern, die gar keine Methode erlernten. Dieses Ergebnis spricht allerdings auch dafür, daß wahrscheinlich bereits das Ausmaß der Aufmerksamkeit, die einem Heimbewohner gewidmet wird, eine Auswirkung auf seinen Lebenswillen und somit seine Sterblichkeit hat.

„Na also", wird der Yogi sagen. „Die Meditierenden leben länger. Das bestätigt den offensichtlichen Augenschein, daß langjährig Yogapraktizierende häufig jünger aussehen, als es ihrem biologischen Alter entspricht. Unsterblichkeit und Freiheit sind die Ziele des Yoga, schrieb bereits Mircea Eliade, und wir Yogis arbeiten daran."

„Das ist schon eindrucksvoll", wird der Arzt zugeben. „Aber jetzt sehen Sie wenigstens endlich ein, daß es notwendig und sinnvoll ist, diese Zusammenhänge wissenschaftlich zu erforschen und nicht einfach das Blaue vom Himmel zu versprechen. Außerdem muß man unbedingt überprüfen, ob diese erstaunlichen Untersuchungsergebnisse wirklich durch die Meditation hervorgerufen wurden oder beispielsweise durch weitere Veränderungen der Lebensweise wie Ernährungsumstellungen oder Vermeidung anderer gesundheitlicher Risikofaktoren wie Rauchen und Alkohol."

Vielleicht spielen ja wirklich noch andere Faktoren eine Rolle, und so werfen wir als nächstes einen Blick auf die psychischen Wirkungen von Yoga und Meditation.

Asiatische Gehirnwäsche oder die etwas andere Psychotherapie?
Psychologische Wirkungen von Yoga und Meditation

Die Seele läßt sich schlecht vermessen. Daran litten und leiden Legionen von Psychologen, die es im Vergleich zu Ärzten oder Biologen besonders schwer haben, als ernsthafte Wissenschaftler anerkannt zu werden. Nur mit ausgeklügelten Fragebögen, komplizierten statistischen Berechnungen und unter Ausschluß aller anderen möglichen Einflüsse können sie zu neuen Erkenntnissen kommen. Besonders kompliziert wird es, wenn der Effekt einer Technik, die auf den Menschen wirken soll, untersucht wird. Streng genommen müßte man aus einer repräsentativen Bevölkerungsgruppe zwei Untergruppen bilden, von denen nur die eine jene Methode praktizieren soll. Das ist in der Praxis natürlich kaum durchführbar. Daher werden die Studien über die psychologischen Wirkungen von Yoga und Meditation fast ausschließlich mit Freiwilligen gemacht, die das entsprechende Verfahren schon längst praktizieren. Die Gruppe ist also schon „vorselektiert". Daß dies zu beachten keine Haarspalterei ist, sondern einen wichtigen Punkt bei der Beurteilung möglicher Wirkungen darstellt, wurde von einem Forscher festgestellt, der die Persönlichkeitsmerkmale von Aussteigern in Meditationsgruppen untersuchte. Dabei fand er unter den Aussteigern erhöhte Neurotizismuswerte, also Zeichen von Fehlentwicklungen der Persönlichkeit. Die Motivation, eine Methode weiter zu praktizieren, hängt natürlich sehr von den wahrnehmbaren Veränderungen ab. Je „gesünder" jemand seelisch ist, desto leichter fallen ihm Meditationen und Yogaübungen, und desto eher wird der Betreffende auch positive Wirkungen erkennen können. Zuletzt schließt der Forscher, daß ausgerechnet diejenigen am meisten von Meditation profitieren, die es am wenigsten nötig hätten! Das ist ein ganz wichtiger Gedanke, vor allem in der immer wieder aufflammenden Diskussion über eine mögliche Yogatherapie.

Trotz dieser Schwierigkeiten ist gerade in den letzten Jahren das Interesse an psychologischen Veränderungen durch Yoga und Meditation enorm gestiegen. Gab es früher nur vereinzelte Arbeiten, die sich mit Persönlichkeitsveränderungen befaßten oder Zusammenhänge zwischen Tiefenpsychologie und Yoga aufzudecken versuchten, so wird inzwischen immer häufiger eine mögliche *psychotherapeutische Funktion* der Meditation und anderer Yogatechniken diskutiert. Wie in der Psychotherapie der Therapeut durch verständnisvolles Eingehen auf den Klienten eine Atmosphäre des Vertrauens und der Entspannung schafft, in der dieser sich ansonsten unangenehme Erinnerungen oder Vorstellungen sozusagen im geschützten Rahmen ansehen kann, ohne von den eigenen Gefühlen überwältigt zu werden, so ist es leichter möglich, sich im ausgeglichenen und entspannten Zustand der Meditation persönlichen Problemen zu stellen und diese zu überwinden. Die Parallelen der Verfahren werden auch in der verbesserten Wahrnehmung vorher unterbewußter Erinnerungen und in deren geistiger Verarbeitung gesehen. Zwei Autoren beobachteten bei Langzeitmeditierenden ein höheres Maß an psychischer Gesundheit. In der Behandlung von Angsterkrankungen wurden Yoga und Meditation mehrfach erfolgreich eingesetzt. Lediglich ein

Forscher vermochte keine Verminderung der Angstsymptomatik zu beobachten. Auch bei der Therapie Drogenabhängiger wurden auf Yoga und Meditation beruhende Behandlungsansätze entwickelt. Selbst Depressionen und Anpassungsstörungen bei Kindern wurden schon erfolgreich mit einem Übungsprogramm, bestehend aus Yoga, Entspannung und Massage, behandelt.

Die Reaktionszeit soll sich durch Meditation verbessern lassen und die visuelle Sensitivität zunehmen. In Indien wurde nach einem halben Jahr Yogapraxis eine Zunahme der Quoten für Intelligenz, Merkfähigkeit und geistige Leistungsfähigkeit bei Jugendlichen festgestellt.

In einer Studie wurden die Wirkungen von TM und Autogenem Training verglichen. Bei ähnlichen Ausgangswerten veränderten sich beide Gruppen im Sinne einer „größeren psychosomatischen Stabilität, emotionaler Beherrschtheit und Belastbarkeit, größerer Ungezwungenheit, Sicherheit, Aktionsbereitschaft und Durchsetzungsfähigkeit" im Vergleich zur Kontrollgruppe. Dabei waren die Meditierenden noch psychosomatisch stabiler, zufriedener und selbstsicherer und weniger depressiv als die Teilnehmer des Autogenen Trainings.

Im Rahmen einer zunehmenden ernsthaften wissenschaftlichen Auseinandersetzung mit einem Thema wird das Bild der Untersuchungsergebnisse erfahrungsgemäß bunter und gegensätzlicher. In den letzten Jahren wurden daher auch häufiger kritische Beurteilungen veröffentlicht. So warnte ein Forscher vor der Depersonalisation durch Meditation, und ein anderer fand trotz überwiegend positiver Wirkungen bei fast zwei Drittel der Meditierenden mindestens eine unerwünschte „Nebenwirkung."

„Das ist typisch, jetzt versucht Ihr Forscher nachzuweisen, daß Yoga und Meditation schaden", wird der Yogi einwerfen. „Kein Wunder, schließlich lohnt es sich auch mehr, Pillen zu verschreiben, anstatt sich der Mühe eines Übungsverfahrens zu unterziehen."

„Das sehe ich natürlich anders", mag der Arzt entgegnen. „Für mich bedeutet das Feststellen von unerwünschten Wirkungen etwas ganz Normales, wie wir es bei anderen Therapien auch finden. Wenn

irgendeine Behandlung etwas bewirken soll, dann muß auch mit der Möglichkeit des Auftretens von Nebenwirkungen gerechnet werden. Daher zeigen mir diese Ergebnisse, daß Yoga und Meditation von der Wissenschaft eben immer ernster genommen werden. "

Yoga und Streßverarbeitung – das Konzept einer eigenen Studie

Zur Untersuchung möglicher Zusammenhänge zwischen Streßverarbeitung und Yogapraxis führten wir am psychosomatischen Institut der Universität Köln eine Studie durch. Zwölf fortgeschrittene Yogaübende wurden mit einer Kontrollgruppe von dreizehn Frauen, die kein Yoga praktizierten, verglichen. Vor dem Experiment wurde allen Teilnehmerinnen ein kleiner Katheder in eine Armvene gelegt, aus dem dann später die Blutabnahmen erfolgten, ohne jedesmal erneut stechen zu müssen. Dabei bestimmten wir die drei streßabhängigen Hormone *Cortisol, Prolactin* und das *Wachstumshormon (STH)* sowie *Blutdruck* und *Herzfrequenz* vor, während und nach der Ausführung einer Yogastunde, bestehend aus einer Übungsreihe mit bekannten *Yogaasanas, Uddyana Bandha,* zwei *Pranayamas (Kapalabhati* und *Ujjay)* sowie einer kurzen Meditation. Die Übungsreihe bestand aus folgenden *Asanas: Sarvangasana* (Schulterstand), *Halasana* (Pflug), *Bhujangasana* (Kobra), *Shalabhasana* (Heuschrecke), *Paschimottanasana* (Zange), *Ardha Matsyendrasana* (Drehsitz) und *Ardha Chandrasana* (Seitlicher Halbmond). Jede der Asanas wurde für eine halbe bis zwei Minuten eingenommen.

Während der Blutabnahmen, Puls- und Blutdruckmessungen lagen alle Teilnehmerinnen in der bequemen Rückenlage (*Shavasana*).

Sollte Yoga mit sportlichen Übungen oder einem Entspannungsverfahren verglichen werden? Wir entschieden uns, das Schwergewicht auf die Konzentration zu legen, und so durfte die Kontrollgruppe während der Untersuchungsphase lesen, um ebenfalls einer konzentrierten Tätigkeit nachzugehen.

Zur Erfassung psychologischer Unterschiede zwischen den Gruppen setzten wir drei Fragebögen ein. Die *Eigenschaftswörterliste* wurde unmittelbar in Anschluß an das Experiment ausgefüllt, um über die akute Befindlichkeit Auskunft zu geben. Mit weiteren Fragebögen, die später zu bearbeiten waren, wurde die Streßverarbeitung (*Streß-verarbeitungsfragebogen – SVF*) erfaßt und ein Persönlichkeitsprofil entwickelt (*Freiburger Persönlichkeitsinventar – FPI-R*).

Da es sich bei dem Yoga um ein ganzheitliches Verfahren handelt, kamen also Untersuchungen verschiedenster Bereiche zum Einsatz, um ein möglichst vielseitiges Bild zu erhalten.

Yoga-Übungsprogramm für die Studie

*1. Sarvangasana
(Schulterstand)*

*2. Halasana
(Pflug)*

3. Bhujangasana
  (Kobra)

4. Shalabhasana
  (Heuschrecke)

5. Paschimottanasana
  (Zange)

6. Ardha Matsyendrasana
  (Drehsitz)

48

7. Ardha Chandrasana
   (Seitlicher Halbmond)

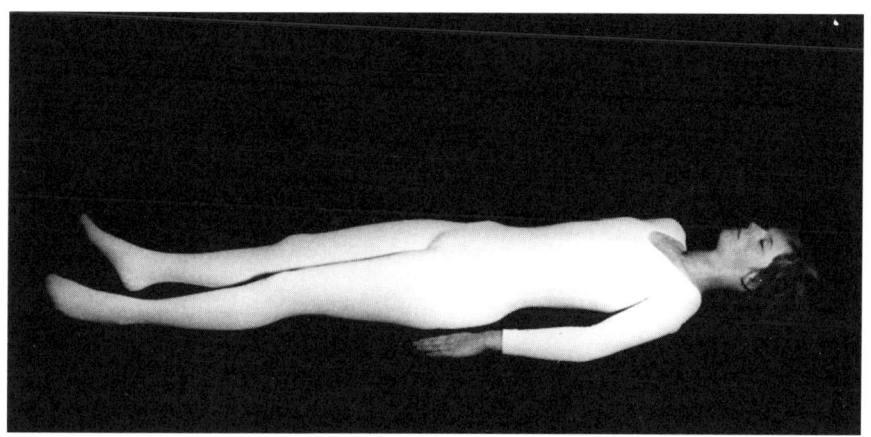

8. Shavasana (Toten- oder Entspannungslage)

Yoga in Zahlen, Kurven und Tabellen

– unsere Untersuchungsergebnisse

Bei beiden untersuchten Gruppen nahm die Konzentration von Cortisol im Blut langsam und recht gleichmäßig ab. Zwar waren die Werte der Yogis im Durchschnitt immer unter denen der Kontrollgruppe, aber statistisch gesehen war die Differenz nur minimal.

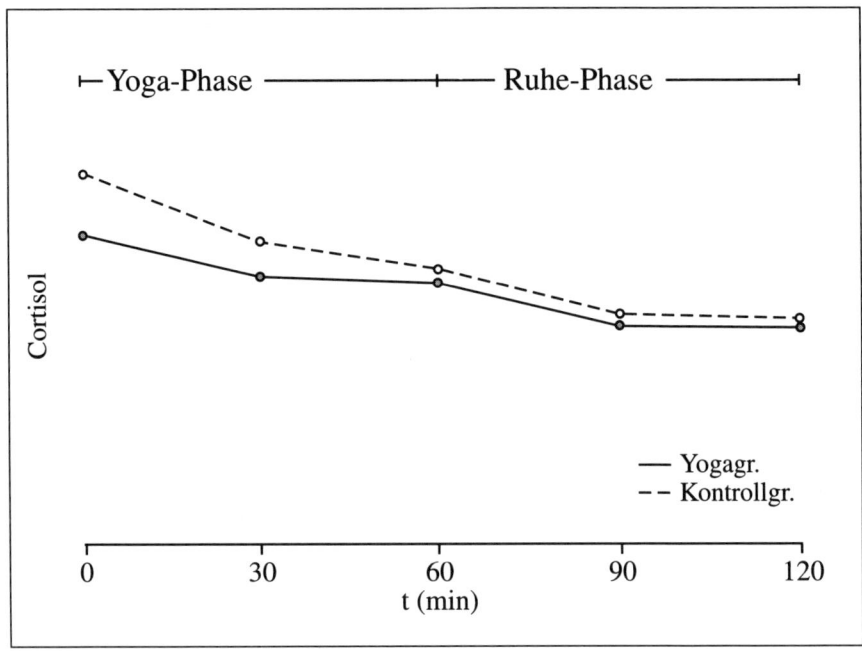

Abbildung 3: Cortisolkonzentration im Blut

Die Verlaufskurve für *Prolactin* zeigte einen – auch statistisch auffälligen – unterschiedlichen Verlauf in beiden Gruppen. Auch hier lagen die Werte der Kontrollgruppe ausnahmslos höher als die der Yogagruppe. Erstere zeigten während der Testphase ein Absinken, das sich nach deren Ende wieder umkehrte. Die Ergebnisse der Yogagruppe waren hier kaum verändert. Die Unterschiede zwischen beiden Gruppen waren jedoch nicht so bedeutend, daß sich hieraus irgendwelche Schlußfolgerungen von praktischem Belang ableiten ließen.

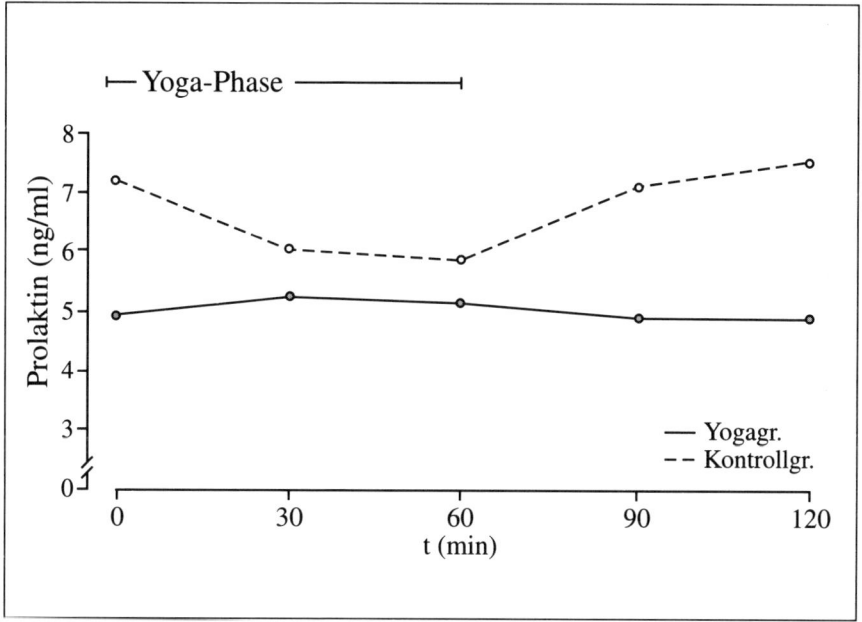

Abbildung 4: Prolactinspiegel im Blut

Der Ausgangswert des *Wachstumshormons* der Yogagruppe lag deutlich über den üblichen Normalwerten, was den Eindruck einer extrem stark abfallenden Kurve vermittelt. Da die Kontrollgruppe keine erhöhten Ausgangswerte zeigte, scheinen sich die Kurven deutlich zu unterscheiden. Ein Erkenntnisgewinn erwächst daraus jedoch ebenfalls nicht, denn der zu hohe erste Wert der Yogis ist sicherlich ein Zufallsbefund, der nichts mit der Yogapraxis zu tun hat.

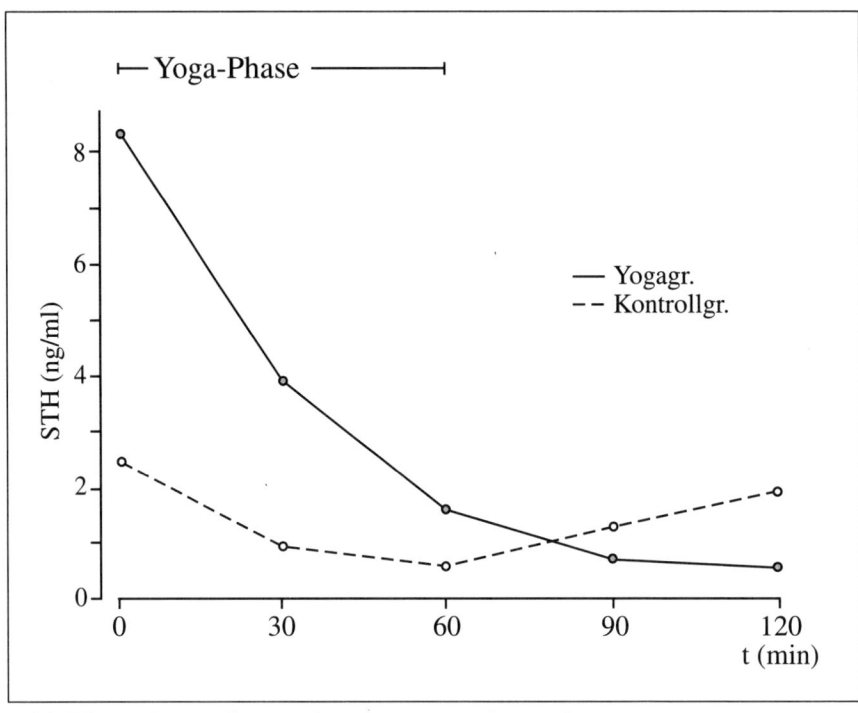

Abbildung 5: Wachstumshormonspiegel im Blut

Der *Blutdruck* schwankte in beiden Gruppen nur geringfügig, was bei gesunden Kontrollpersonen auch nicht anders erwartet werden sollte.

Interessant waren jedoch die Untersuchungen der *Herzfrequenz*: Während und unmittelbar im Anschluß an die Ausführung ihrer Übungen zeigten die Yogapraktizierenden einen deutlichen Rückgang des Pulses um neun Schläge pro Minute. Danach näherte sich die Herzfrequenz wieder dem ursprünglichen Niveau, so daß die Kurve eine Wannenform zeigte. Auch bei der Kontrollgruppe kam es zu einer Verlangsamung des Herzschlags, allerdings in deutlich geringerem Ausmaß. Eine Tendenz zur Rückkehr zu den Ausgangswerten fand sich nicht. Statistisch gesehen war der Kurvenverlauf beider Gruppen auffällig unterschiedlich.

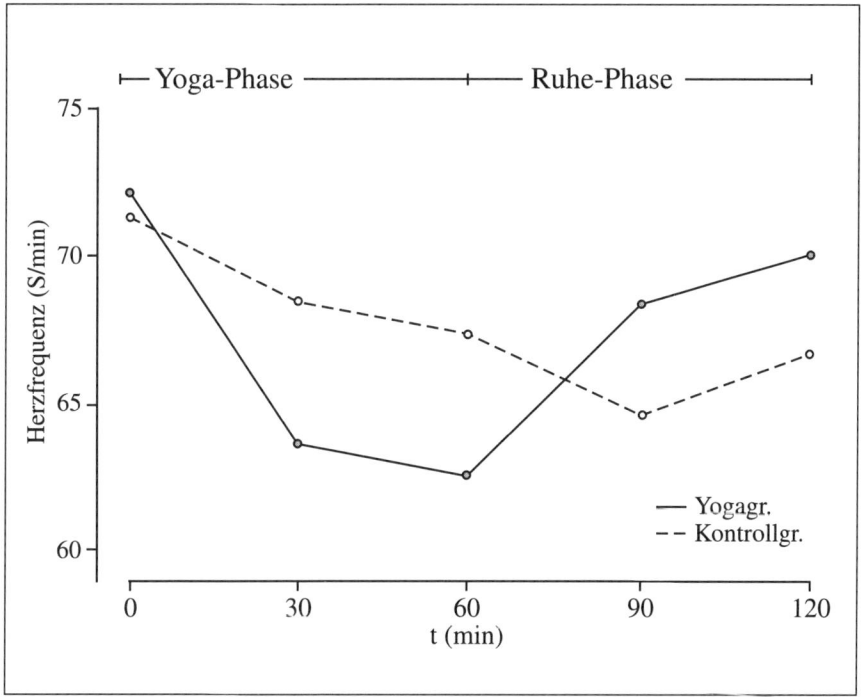

Abbildung 6: Pulsfrequenz

Im *Freiburger Persönlichkeitsinventar* zeigten die Yogis eine höhere Lebenszufriedenheit, gleichzeitig geringere Erregbarkeit, Aggressivität, Offenheit und Emotionalität. Zwar nicht statistisch auffällig, aber einen Trend aufzeigend, waren körperliche Beschwerden und Extraversion in der Kontrollgruppe höher.

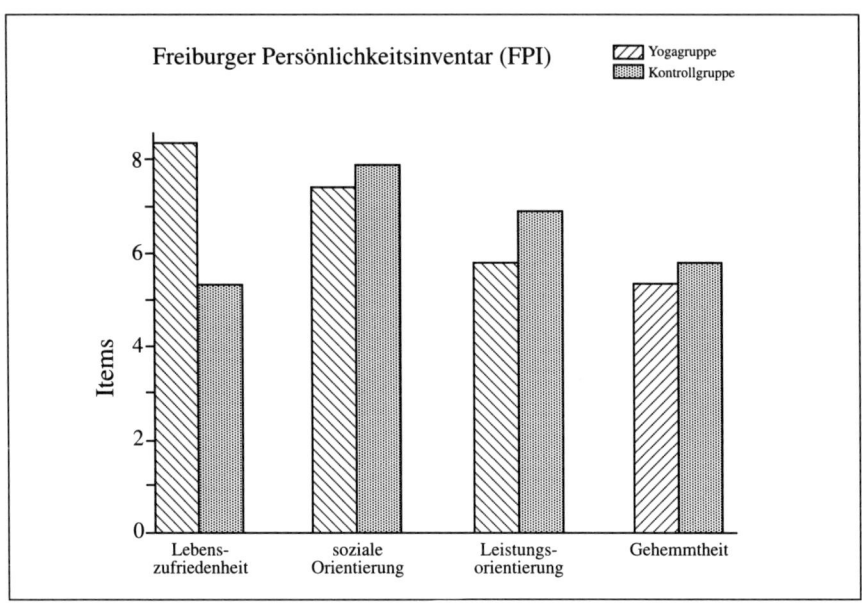

Abbildungen 7: Freiburger Persönlichkeitsinventar

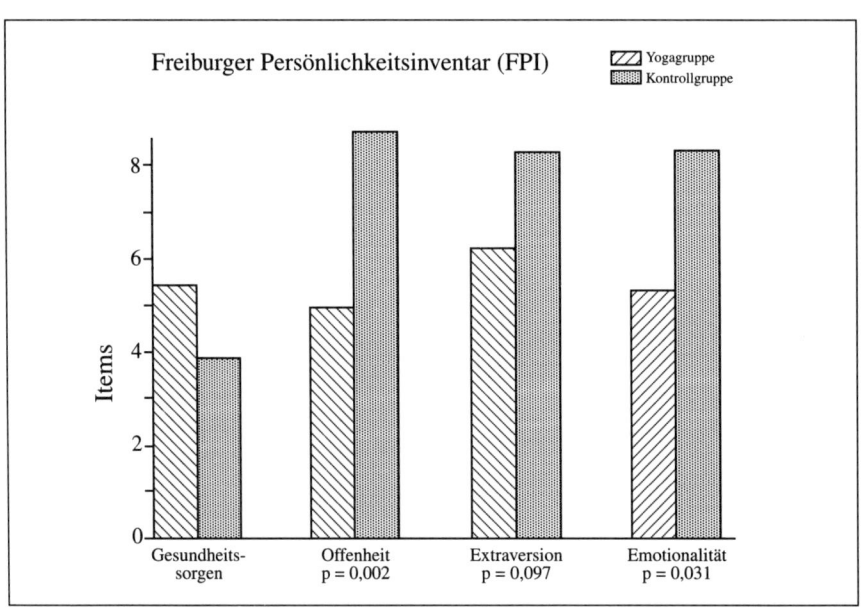

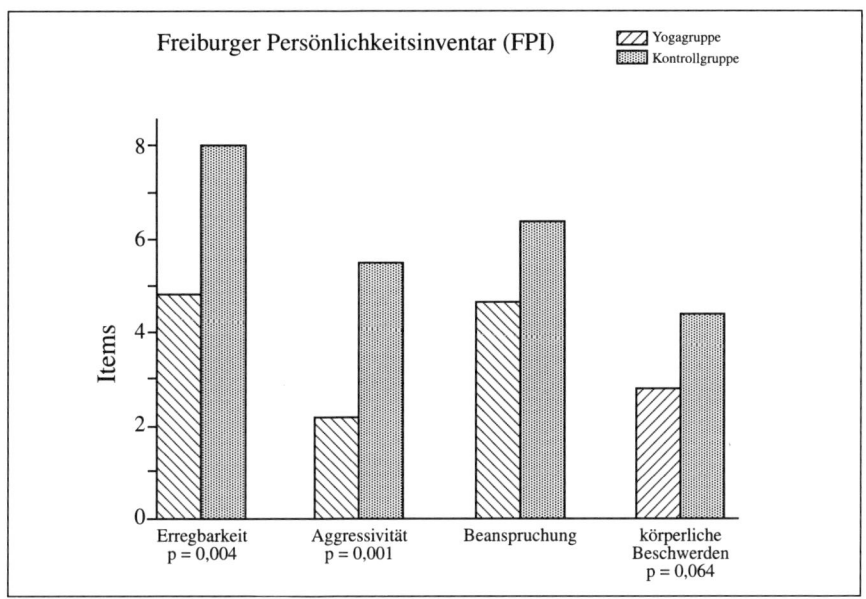

Bei der *Streßverarbeitung* zeigte sich nur ein einziger statistisch auffälliger Unterschied: die Kontrollgruppe neigte stärker zur Aggression. Unterschiedliche Trends gab es für die Bereiche Selbstbemitleidung (weniger bei den Yogis) und Herunterspielen durch Vergleich mit anderen (mehr bei den Yogis).

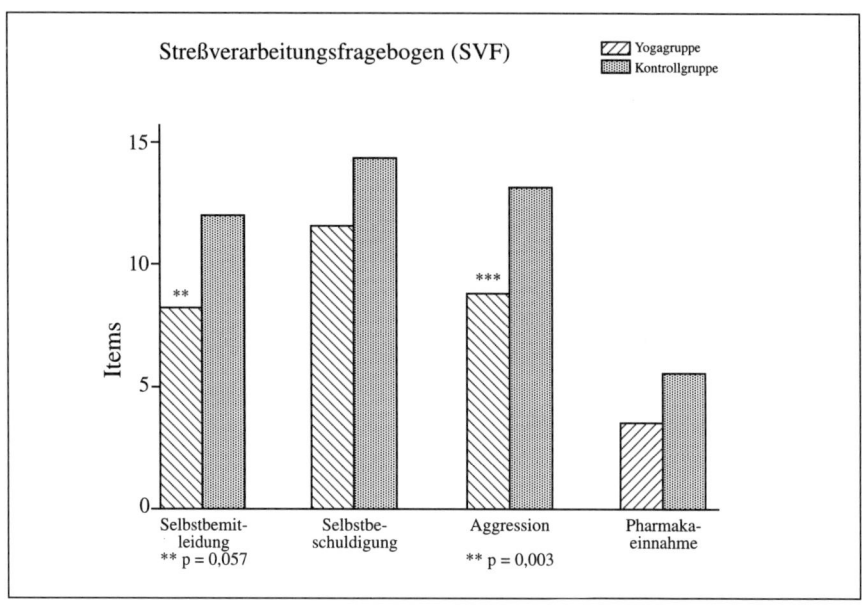

Abbildungen 8: Streßverarbeitungsfragebogen

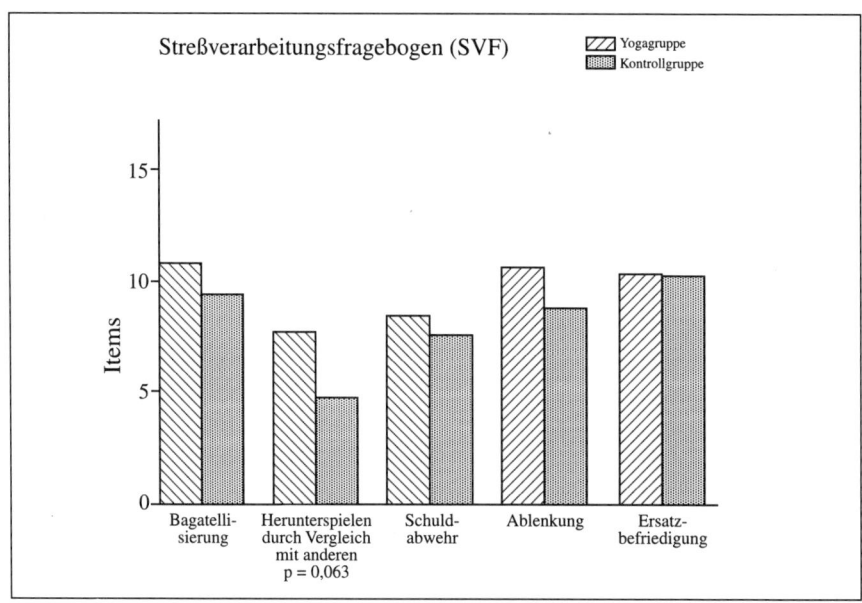

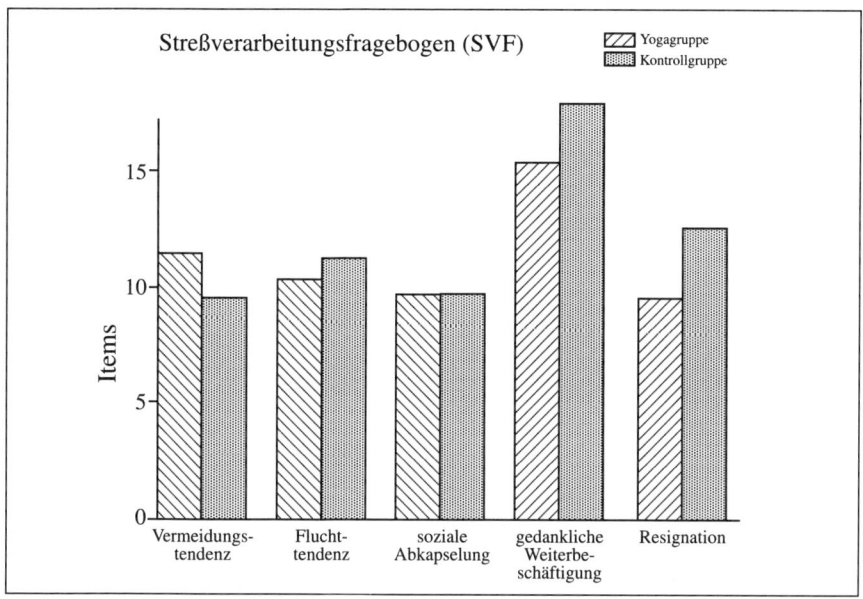

Fortsetzung Abbildungen 8: Streßverarbeitungsfragebogen

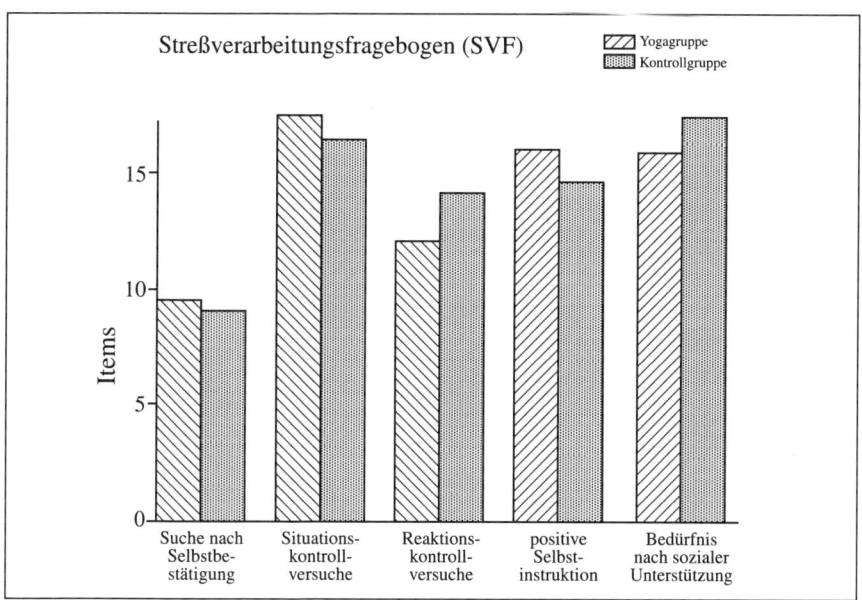

Die *Eigenschaftswörterliste* sollte die akute Befindlichkeit der Versuchspersonen am Ende der Untersuchung erfassen. Die Yogagruppe war extrovertierter und zeigte eine deutlich gehobene Stimmung. Die Kontrollgruppe beschrieb sich als desaktivierter und empfindlicher. Zumindest als Trend fanden sich höhere Werte für Benommenheit, Ärger und Erregtheit.

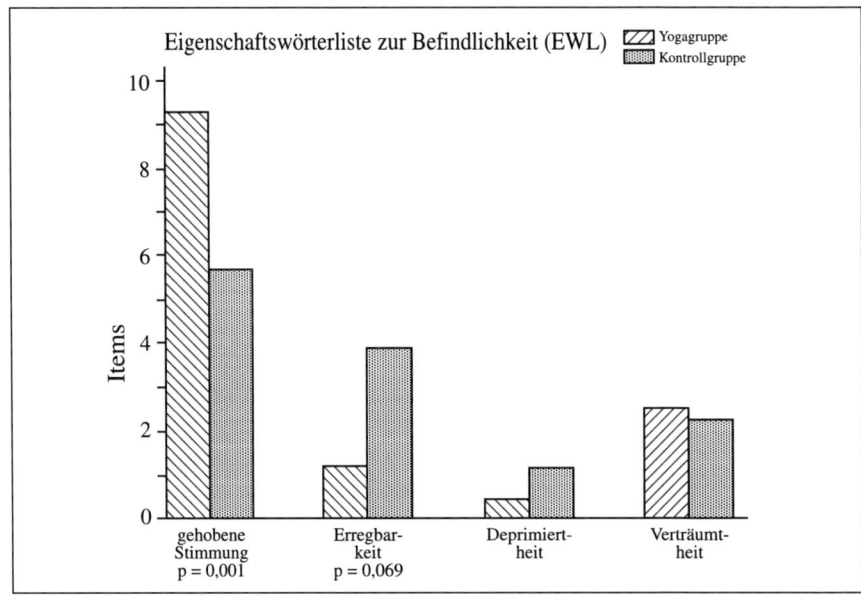

Abbildungen 9: Ergebnisse der Eigenschaftswörterliste

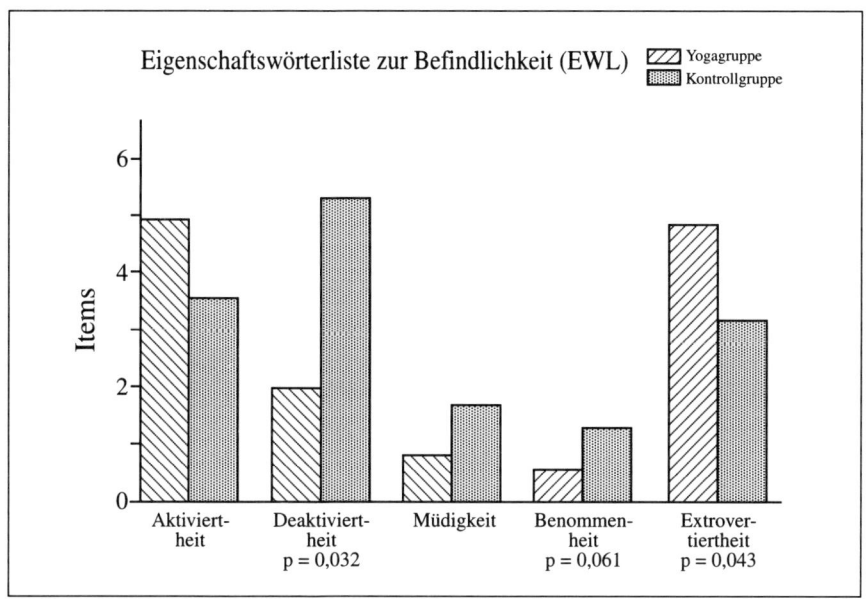

Fortsetzung Abbildungen 9: Ergebnisse der Eigenschaftswörterliste

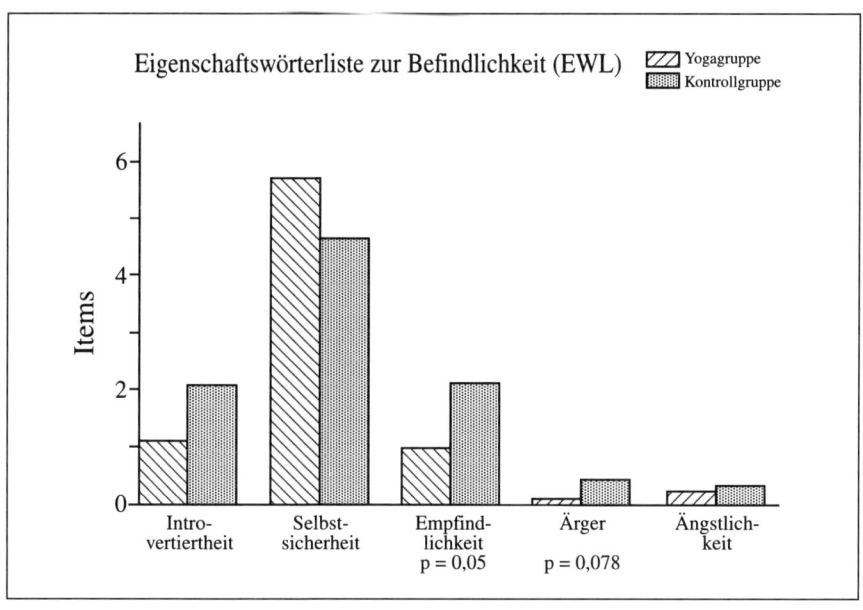

Ganz entspannt im Hier und Jetzt – oder glücklich ruhen die Yogis

Der Rückgang der Herzfrequenz in der Yogagruppe läßt auf eine Veränderung im vegetativen Nervensystem schließen: Der Vagusnerv ist aktiver, der Sympathikus, der, wie wir inzwischen wissen, die Streßreaktion steuert, wird gedämpft. Das ist eine wichtige Erkenntnis für die Bewertung der Bedeutung des Yoga in der Streßverarbeitung. Das Ergebnis stützt auch *Eberts* Annahme, nach der regelmäßige Yogapraxis „eine verbesserte vegetative Balance mit Verlagerung… in Richtung einer mehr trophotropen Reaktionslage" zur Folge habe. Ließe sich ein solcher Einfluß auf das vegetative Nervensystem in weiteren Untersuchungen bestätigen, müßte tatsächlich eine durch Yoga veränderte physiologische Streßverarbeitung angenommen werden; zumindest scheint Yoga die körperliche Reaktion auf entsprechende Belastungsreize zu verändern. Der Yogapraktizierende reagiert somit wahrscheinlich körperlich einfach weniger stark auf Streßreize.

Daß die Hormonwerte sich nicht wesentlich unterschieden, obwohl die Versuchsgruppen in den anderen untersuchten Bereichen offensichtliche Differenzen zeigten, ist ebenfalls eine wichtige Feststellung, zu der wir noch zurückkehren werden.

Wie die Ergebnisse der Eigenschaftswörterliste zeigen, ruft die Ausführung von Yogaübungen im Vergleich zu Lesen als einer anderen konzentrativen Tätigkeit deutlich unterschiedliche Empfindungen hervor.

„Das hätte ich auch vorher gewußt", mag der Yogi einwenden.

„Kann sein", wird der Arzt antworten. „In der Wissenschaft muß jedoch jede Annahme und Überlegung durch entsprechende Versuchsanordnungen überprüft werden. Dies gilt auch für scheinbar ganz banale Erkenntnisse."

Interessant dürfte es für den Yogi immerhin sein, seine eigenen Wahrnehmungen während und nach seinen Übungen mit den von uns gefundenen Ergebnissen zu vergleichen. Bei unserer Untersuchung war vor allem die deutlich *gehobenere Stimmung* in der Yogagruppe auffällig, verbunden mit niedrigeren Werten für negative Gefühle wie *Desaktiviertheit* und *Empfindlichkeit*. Weitere weniger angenehme Emotionen wie *Benommenheit, Ärger* und *Erregtheit* waren in der Yogagruppe – zumindest im Trend – ebenfalls geringer ausgeprägt. Interessant ist auch, daß die Yogis nach ihren Übungen extravertierter (also mit der Aufmerksamkeit mehr nach außen gerichtet) waren, obwohl sie im Persönlichkeitsinventar, das allgemeine, nicht situationsabhängige Merkmale mißt, hier deutlich geringere Werte zeigten als die Kontrollgruppe. Das bedeutet, daß die normalerweise eher introvertierten Yogis ausgerechnet nach der Yogastunde offen für andere und ihre Umgebung sind. Dies widerspricht dem alten, von manchen kirchlichen Kreisen noch gerne gepflegten Vorurteil des zurückgezogenen Yogis, der mit der Welt nichts mehr zu tun haben möchte und dessen soziale Bindungen sich angeblich auflösten. Die im Vergleich zur Kontrollgruppe weniger ausgeprägten negativen Gefühle nach dem Üben deuten darauf hin, daß das von *Patanjali* als Ziel beschriebene *Zur-Ruhe-kommen-der-Geistesbewegungen (citta vrtti nirodah)* zumindest teilweise tatsächlich erreicht wird. Die gehobene Stimmung läßt auf verschiedenen Ebenen Interpretationen zu:

Physiologisch gesehen handelt es sich möglicherweise um einen mit dem *runner's high* vergleichbaren Zustand. In der Gesundheitsvorsorge spielt die Motivation bei der Ausübung einer Methode langfristig eine sehr wichtige Rolle. Es wurde nachgewiesen, daß der Mensch nur dann gesundheitsfördernde Maßnahmen fortsetzt, wenn er positive Rückmeldungen verspürt. Diese sind bei regelmäßiger Yogapraxis offensichtlich wahrnehmbar.

In der *Psychologie* ist ein selbst auslösbarer Zustand gehobener Stimmung ganz wesentlich zur Verbesserung des Selbstwertgefühls und um negative Reize ausgleichen zu können. Zumindest theoretisch muß jedoch auch an die Möglichkeit einer Suchterzeugung gedacht werden, wenn nur noch „der Kick" gesucht wird.

Auf der *spirituellen Ebene* zeigt die gehobene Stimmung, daß *Ananda*, das Gefühl der Glückseligkeit, erfahrbar ist.

Ganz besonders wichtig bei der Betrachtung des Yoga in der *Streßbewältigung* sind die Ergebnisse des *Streßverarbeitungsfragebogens*. Obwohl hier nur wenige richtig deutliche Unterschiede feststellbar waren, zeigen diese jedoch einen grundsätzlich anderen Umgang mit Streßreizen. Bei den im Yogakollektiv weniger ausgeprägten Strategien *Neigung zur Aggression, Pharmakaeinnahme* und *Selbstbemitleidung* handelt es sich um destruktive Bewältigungsversuche.

Im *Persönlichkeitsinventar* fielen die bei den Yogis deutlich niedrigeren Werte für *Aggressivität* und *Erregbarkeit* auf; Eigenschaften, die insbesondere für das bereits diskutierten Typ-A-Verhalten typisch sind. Die *höhere Lebenszufriedenheit* insgesamt entspricht als Langzeitfolge der kurzfristig gehobenen Stimmung.

Insgesamt stimmen die gefundenen psychologischen Ergebnisse im wesentlichen mit früheren Arbeiten, wie sie auch über Meditation vorliegen, überein. Zumindest in Hinblick auf psychologische Wirkungen scheinen Meditation und Yoga vergleichbare Effekte zu zeigen. Somit ist auch von einer gewissen psychotherapeutischen Wirkung regelmäßiger Yogapraxis auszugehen, wie sie für die Meditation beschrieben wurde.

„Na also", wird der Yogi jetzt einwerfen, „schon seit Jahrhunderten ist bekannt, daß im Yoga die geistige Entwicklung im Vordergrund steht. Schön, daß die Wissenschaftler jetzt endlich nach ihren aufwendigen Versuchen langsam anfangen, uns zu glauben."

„Halt, so einfach ist das nicht", wird der Arzt einwenden, „festgestellt wurde lediglich, daß bestimmte Merkmale bei Yogapraktizierenden deutlicher ausgeprägt sind. Aber damit ist noch lange nicht klar, daß diese auch durch den Yoga hervorgerufen wurden. Vielleicht ist es einfach nur so, daß Menschen mit diesen Eigenschaften sich eher dazu entschließen, eine solche Methode zu praktizieren."

Tatsächlich hat der Wissenschaftler *M. M. Delmonte* genau diesen Effekt bei Meditierenden beobachtet und kam letztlich sogar zu dem Schluß, daß ausgerechnet diejenigen, die ein Entspannungsverfahren am wenigsten nötig haben, am meisten davon profitieren. Ob die Beobachtungen doch auf die Yogapraxis zurückzuführen sind, könnte festgestellt werden, indem man Menschen mit dem Typ-A-Verhaltensmuster regelmäßig Yoga üben ließe und mögliche Veränderungen untersuchte.

4. Kapitel

Yoga und Streßbewältigung

Yoga als Hilfe in der Streßbewältigung

„Wie meinen Sie, kann Yoga denn als Hilfe in der Streßbewältigung angewandt werden", fragt der Arzt jetzt vielleicht.

„Warum soll der ehrwürdige und alte Yoga überhaupt so funktionalisiert werden?" mag der Yogi zweifeln. „Eine spirituelle Disziplin einsetzen – was für ein Ausdruck, den Yoga muß man leben, nicht einsetzen –, bloß um zivilisationsmüde Europäer zu entspannen? Das ist doch Perlen vor die Säue geworfen!"

Wichtige Einwände. Natürlich mögen radikale Verfechter einer reinen und buchstabengetreuen Lehre jeden Yogaunterricht verdammen, in dem Entspannung oder auch andere profanere Ziele als das der Erleuchtung angestrebt werden. Das ist selbstverständlich ihr gutes Recht. Die überwiegende Menge der Yogalehrer in Deutschland setzt sich jedoch durchaus mit den Bedürfnissen der Teilnehmer ihrer Kurse auseinander, zu Recht, wie ich meine. Dafür gibt es mehrere Gründe:

– Der Yoga ist im ständigen *Fluß*, er verändert sich durch die großen Persönlichkeiten, die ihn lehren. Ein stures Beharren auf dem, was wir „immer schon so gemacht haben", entspricht nicht dem Geist des Yoga. Hier geht es doch vielmehr um Achtsamkeit und Klarheit der Wahrnehmung, diese sollten natürlich bei allen Veränderungen erhalten bleiben.

– Trotz dieser Veränderungen und Anpassungen zeigt der Yoga auch eine erstaunliche *Eigendynamik*. Als ich Ende der siebziger Jahre mit regelmäßiger Yogapraxis begann, hat mich *Sri Rajagopalan* mit seiner Betonung der Aufmerksamkeit in den *Asanas* stark geprägt. Nach einigen Jahren lernte ich die buddhistische *Vipassana-Meditation* kennen und integrierte die dort gelehrte Form der Wahrnehmung, die gut zu diesem Yogaansatz paßt, in meine Yogapraxis. Später legten meine Frau und ich zunächst für uns selbst, dann auch im Yogaunterricht das Schwergewicht immer mehr auf die Wahrnehmung des Körpers und der feineren Ebenen.

Vor wenigen Jahren lernte ich den *Yoga der Energie* nach *Boris Tatzky* kennen und war völlig verblüfft über die Ähnlichkeiten mit unserer Übungsweise. Offensichtlich führt die Eigendynamik des Yoga auch bei unterschiedlicher Ausgangsposition oft zu ähnlichen Ergebnissen. Daher muß man unterstellen, daß unter Beachtung der eben erwähnten Grundsätze jeder, der sich auf diesen Weg einläßt, bestimmte Erfahrungen machen muß, mit denen er sich auseinandersetzen muß. Hier überrascht wieder die Parallele zur Psychotherapie, wo das angewandte Verfahren eigentlich unwichtig ist, entscheidend sind die Veränderungen des Individuums. Deshalb ist auch die Schule oder Tradition, in der man übt, letztlich zweitrangig.

– Ein Mensch, der Yoga gelernt hat, „nur" um sich besser entspannen zu können, erkennt die wahren Möglichkeiten dieser Disziplin vielleicht erst im Lauf der Zeit und kann sich dann, weil er erfahren hat, daß ihm der Yoga gut tut, auch der spirituellen Dimension widmen. Hätte man ihn vorher damit konfrontiert und eine Entscheidung oder ein Bekenntnis zu einem Ziel von ihm verlangt, das er womöglich noch gar nicht richtig verstanden hatte, so wäre er wahrscheinlich überfordert gewesen und hätte mit Angst und Ablehnung reagiert. Jeder, der regelmäßig Yoga unterrichtet, kennt solche Teilnehmer, die erst über diesen „Umweg" Yoga als Entspannungsverfahren auf einen spirituellen Weg gekommen sind. Mit der Zeit erkennen sogar einige der „Säue" den Wert der „Perlen".

Und wenn das nicht geschieht? Wenn der Mensch Yoga weiterhin bloß als „Technik" benutzen will? Einverstanden, dann soll er es eben so machen. Gönnen wir ihm einfach, daß er sein Karma vielleicht so etwas erleichtern kann.

– Der Yoga ist ein Verfahren der *Praxis*. Die Wahrnehmung und Erfahrung der leiblichen Empfindungen steht im Mittelpunkt. Selbst ein langjähriges *Sanskrit*-Studium oder das Auswendiglernen der *Bhagavad-Gita* kann diese praktische Erfahrung niemals ersetzen. Deshalb sollten auch Puristen unter den Yogalehrern diejenigen Schüler, welche ihrer Meinung nach zu wenig an dem geistigen Aspekt interessiert sind, nicht predigenderweise überzeugen wollen, sondern Erfahrungen dieser Dimension vermitteln. Erlebnisse überzeugen besser als jedes Argument.

– Nicht zuletzt sollten wir uns vor Augen halten, daß selbst in Indien, dem Mutterland des Yoga, hilfreiche und praktische Anwendungen des Yoga sehr ernsthaft ausprobiert und überprüft werden. Von der fast schon kindlich anmutenden Unbekümmertheit der Inder im Umgang mit Spiritualität, Wissenschaft und banalem Alltag können gerade wir Deutschen eine ganze Menge lernen.

Nachdem wir gesehen haben, daß es gute Gründe gibt, Yoga auch als hilfreiche Technik zu sehen, kehren wir nun zur Frage zurück, wie die konkrete Anwendung bei der Streßbewältigung aussehen könnte:

– Durch die Verhaltensregeln des *Yama* und *Niyama* kann eine *veränderte Bewertung* von Streßsituationen erreicht werden. Mit der Abkehr von einer rein materialistischen Sichtweise des Lebens verliert beispielsweise beruflicher Ehrgeiz an Bedeutung und damit auch die Triebfeder, mehr leisten zu wollen, als es den eigenen Fertigkeiten entspricht. Die Bedrohlichkeit der Streßreize kann aufgrund des Wissens um weitere Bewußtseinsebenen verringert werden.

– Auf der *physischen* Ebene bewirkt Yoga eine *Steigerung der körperlichen Fitneß* und die *Verschiebung des vegetativen Zustands* zugunsten des vagalen Anteils. Damit wird die Streßreaktion im Körper gedämpft und eine geringere Empfindlichkeit gegenüber Streßreizen erzielt. Da der Vagusnerv des vegetativen Nervensystems die Regeneration im gesamten Organismus steuert, stellt der Yoga somit eine Form der *aktiven Regeneration* dar.

– *Kybernetisch* gesehen, fördert der Yoga die Anpassungsfähigkeit des Körpers durch *Stabilisierung vegetativer Regelkreise*. Der Yoga stabilisiert die Regelkreise verschiedener vegetativer Funktionen durch wohldosierte Reize. So wird die Anpassungsfähigkeit des Körpers bei Störungen der Umweltfaktoren verbessert. Ein Ausschlag im Regelkreis wird leichter ausgeglichen und läßt nicht sofort das ganze System zusammenbrechen.

– Im Bereich der *individuellen Bewältigungsstrategien* kann Yoga – eventuell kombiniert mit Psychotherapie – zum Hinterfragen und Ersetzen bisheriger, weniger erfolgreicher und ungesünderer Bewältigungsverfahren durch geeignetere eingesetzt werden. Vor allem die

Verbesserung des *Körperbewußtseins* durch Yogapraxis beeinflußt wiederum die Strategien der Streßbewältigung und den Umgang mit sich selbst und der Umwelt. So werden selbstschädigende Verhaltensweisen wie Rauchen, Alkoholkonsum etc. nicht nur aus einem kognitiven Verständnis heraus als ungünstig erkannt (über dieses Wissen verfügen fast alle Betroffenen auch so), sondern es wird ganz konkret spürbar.

– Mit *Yoganidra* steht dem Yogaübenden ein wirkungsvolles Verfahren zur Verfügung, um sich zur Vorbereitung oder nach besonderen Streßsituationen körperlich und seelisch optimal entspannen zu können.

– Auch die *Meditation* unterstützt eine *innere Distanz* gegenüber angstauslösenden und belastenden Reizen und verhilft so zu einem klareren Blick auf die eigene Situation. So wie die Schrecken der Vergangenheit aus der heutigen Distanz oftmals viel weniger bedrohlich erscheinen, verliert die Streßerfahrung dadurch viel von ihrer furchterregenden Wirkung. Und Streß, der uns seelisch weniger unter Druck setzt, wirkt sich auch körperlich weniger stark aus.

„Das hört sich ja großartig an, da müßte jeder doch sofort mit Yoga beginnen, wenn er das hört", wird der Arzt sagen. „Aber was ist mit den Leuten, die mit Yoga nicht klarkommen oder sogar Schäden davongetragen haben? Yoga kann für manchen selbst Streß bedeuten."

Stimmt das? Kann Yoga selbst Streß erzeugen, kann der Yoga gar schädlich ein?

Gibt es das: Streß im Yoga?

„Streß im Yoga kann es nur geben, wenn man falsch übt", wird der Yogi betonen.

In gewisser Weise stimmt das natürlich. Yoga darf nicht zur Belastung werden, sonst ist die Ausführung sicherlich nicht korrekt. Aber erinnern wir uns an die Unterscheidung von *Disstreß* und *Eustreß*. Unter Eustreß verstehen wir Reize, die nicht so stark sind, daß sie körperlich schaden, die aber eine Anpassung des Körpers erzwingen und damit letztlich sogar eine Erweiterung der physischen Fähigkeiten bewirken. Solche Stressoren finden sich viele während der Yogapraxis. Das glauben Sie nicht? Zum Beweis und besseren Verständnis hier zwei praktische Übungen:

Übung 4: Streß in einem Asana

Aus der Rückenlage heben Sie langsam ein gestrecktes Bein in die Höhe. Die Fußsohle ist zur Decke gerichtet. Beim Verharren achten Sie auf die Empfindungen in ihrem Körper.

Was passiert im angehobenen Bein?

Was empfinden Sie im Bauch?

Können Sie den Rest des Körpers ganz entspannen, oder fühlen Sie woanders auch Anspannung oder gar Verkrampfung?

Was ist mit dem anderen Bein, das entspannt auf dem Boden liegen sollte?

Haben Sie es mit angespannt, drücken vielleicht mit der Ferse gegen den Boden, um das erhobene Bein zu stützen?

Verharren Sie in der Position, solange Sie können! Selbst wenn die enorme Zunahme der Mißempfindungen in Ihnen den Verdacht keimen läßt, daß gleich Ihr Bein durchzubrechen droht, bleiben Sie in der Haltung, so lange Sie nur irgend können!

Erst dann legen Sie Ihr Bein mit der Ausatmung ganz langsam wieder ab und beobachten wieder die Körperempfindungen. Achten Sie dabei nicht nur auf die Empfindungen im Bein, sondern auch auf Herz- und Atemfrequenz, Wärmegefühl usw.

Übung 5: Virasana (Der Held)

Aus dem Stand machen Sie einen weiten Schritt nach vorne, das vordere Bein fast im rechten Winkel gebeugt, das hintere gestreckt. Jetzt werden die Arme über den Kopf nach oben gestreckt und die Handflächen aneinandergelegt.

Wird die Übung richtig ausgeführt, muß das Becken tief genug gesenkt werden, damit die Spannung in den Beinen (speziell den Oberschenkeln) deutlich spürbar wird, und man sollte lange genug in der Haltung bleiben. Immerhin heißt der Asana *Virasana*, der Held, also einer, der tapfer durch"hält", auch wenn es mal anstrengend oder unangenehm wird.

Was spüren Sie?

Anspannung, Muskelschmerz, ein Zittern vielleicht?

Wird es Ihnen immer wärmer?

Oder haben Sie das Gefühl, es nicht mehr aushalten zu können?

Was auch immer Sie wahrnehmen, zumeist werden es geringe, leicht dosierte Streßreaktionen gewesen sein. Streß gibt es also sehr wohl im Yoga, aber normalerweise in einer so geringen Dosis, daß er uns nicht schadet, sondern vielmehr dem Körper hilft, an den Herausforderungen zu wachsen. Der Frage, ob es auch konkrete Schäden durch Yoga geben kann, werden wir uns im nächsten Kapitel zuwenden.

Die Streßreaktion im Körper zu beobachten ist wichtig. Alleine der Prozeß der achtsamen Beobachtung, ohne zu werten, wie in der an anderer Stelle bereits erwähnten buddhistischen *Vipassana*-Meditation, bewirkt eine innerliche Distanz zum Wahrgenommenen, eine psychosomatische Entkopplung. Dieses Wahrnehmen körperlicher und seelischer Vorgänge, ohne automatisch reagieren zu müssen, hilft alte Konditionierungen (was man auch als Karma bezeichnen kann) aufzulösen, da diese ihre Macht aus der Verknüpfung mit Gefühlen erlangen. Anerzogene Handlungsmuster, geprägt von Bezugspersonen aus Familie und Freundeskreis wie auch von Kultur, Medien und Werbung, engen unsere Handlungsmöglichkeiten ein. Sich von ihnen lösen zu können heißt an Handlungsfreiheit zu gewinnen.

Wenn es zu unserer Überraschung Streß im Yoga gibt, stellt sich als nächstes die Frage: Hat der Arzt recht, kann Yoga tatsächlich auch schaden?

Kann Yoga schaden?

Was für eine Frage! Für viele Yogalehrende und -praktizierende stellt sie sich nicht, eine solche Überlegung erscheint in Anbetracht der angenehmen eigenen Erfahrungen geradezu absurd. Aber soll eine Methode, die – wie wir gesehen haben – durchaus deutliche Wirkungen auf Körper und Geist entfalten kann, nicht auch unerwünschte, ja ungünstige Effekte zeigen können? Auf unerwünschte Effekte der Meditation sind wir an anderer Stelle schon eingegangen. In der medizinischen Literatur sind die folgenden „Nebenwirkungen" von Yoga-Asanas beschrieben worden. Dabei handelt es sich vorwiegend um Einzelfälle, aber genauso wie bei Medikamenten, die tausend Menschen geholfen haben und bei einem einzigen Schaden angerichtet haben, kann die Auswirkung für den einen Betroffenen fatal sein, weswegen wir uns diese Einzelfälle näher ansehen sollten:

– nach starker Nackenbeugung (wie bei *Sarvangasana* oder *Halasana*) kam es zum *Verschluß einer Wirbelsäulenarterie* und damit zu einer Form eines Schlaganfalls;

– nach längerer und regelmäßiger Ausführung des Kopfstandes (*Sirsasana*) *verstopften die Augenvenen* beider Seiten;

– ein ausdauernder Lotossitz (*Padmasana*) *schädigte den Ischiasnerv* bis zur Lähmung des Fußes;

– nach *Halasana* (Pflughaltung) ist eine *Lähmung* des *Speichen-*(Radialis-)*nervs* beschrieben worden.

Sicher ist diese Auflistung unvollständig. Trotzdem ist klar erkennbar, daß sogar ernstere Gesundheitsschäden als Folge von Yoga möglich sind. Grundsätzlich kann sogar eine technisch korrekt ausgeführte Haltung bei ungünstiger Disposition schädliche Wirkungen entfalten – wie selbstverständlich die falsche Ausführung von Yogaübungen immer eine gewisse Gefahr beinhaltet.

Eine Teilnehmerin in einem Yogakurs, den ich vertretungsweise betreute, klagte über Schmerzen im Bereich der Halswirbelsäule, welche nach den Yogastunden sogar verstärkt aufträten. Vor meinem Unterricht schlug ich ihr vor, in allen Asanas den Kopf strikt in Verlängerung der Wirbelsäule zu halten, auch wenn die Haltung dadurch nicht so „klassisch" korrekt aussähe. Nach der Stunde berichtete sie von einer Abnahme der Beschwerden, die, seit sie auf die (für sie) korrekte Kopfhaltung achtete, auch nach Yogastunden anderer Lehrer nicht mehr auftraten.

Selbst Yogalehrer sind nicht vor Fehlern gefeit. Persönlich kenne ich zwei Yogalehrer mit Bandscheibenbeschwerden. Der eine der beiden, ein Lehrer des *Iyengar*-Stils, hat sogar Bandscheibenvorfälle im Bereich der Brustwirbelsäule. Da die Brustwirbelsäule durch den Brustkorb und die Rippen sehr gut stabilisiert wird, sind Bandscheibenvorfälle dort eigentlich eine medizinische Seltenheit, die sonst nur als Folge wiederholter schwerer Stürze auf den Rücken oder anderer Gewalteinwirkungen auftreten.

Ich möchte mit diesen Beispielen keineswegs jemanden abschrecken; mir geht es vielmehr darum klarzumachen, daß die Tatsache, Yoga zu praktizieren, keinesfalls allein schon eine Garantie für eine unbeeinträchtigte Gesundheit darstellt und daß die Aufmerksamkeit für die Signale des eigenen Körpers grundsätzlich Vorrang vor irgendwelchen Detailanweisungen im Sinne irgendeiner Schule bei der Ausführung der Asanas haben sollten.

Der bereits erwähnte Leipziger Physiologe *Dietrich Ebert* hat bereits 1986 darauf hingewiesen, daß dem Auftreten unerwünschter Wirkungen durch die Beachtung von *Gegenanzeigen* (Kontraindikationen) zu begegnen sei. Einige dieser Einschränkungen liegen so klar auf der Hand, daß sie eigentlich keinem Yogateilnehmer oder gar -lehrer entgehen dürften, wie zum Beispiel das Verbot, den Kopfstand auszuführen, wenn eine Schädigung der Halswirbelsäule bereits besteht.

In der Medizin werden *absolute* und *relative* Gegenanzeigen unterschieden. Wie man sich leicht erschließen kann, bedeutet eine absolute Kontraindikation, daß diese Einwirkung auf den Körper bei dieser bestehenden Krankheit keinesfalls angewandt werden darf. Als relative Gegenanzeige wird eine Gesundheitsstörung bezeichnet, die zwar ebenfalls eine Einschränkung bzw. den Verzicht auf die zur Debatte stehende Methode nahelegt, jedoch auch bestimmte Ausnahmen zuläßt.

Hier ein Beispiel *absoluter* Gegenanzeigen bei Umkehrhaltungen wie Kopf-, Schulter- und Handstand:

- hoher Blutdruck
- hoher Augeninnendruck (Grüner Star)
- strukturelle Schäden der Halswirbelsäule wie Bandscheibenvorfälle
- Entzündungen und Geschwülste im Bereich von Hals und Kopf
- Hirnblutungen/Schlaganfälle

Relative Gegenanzeigen:
- Erkrankungen der Blutgefäße (vor allem in Hals und Kopf)
- Schädel-Hirn-Verletzungen
- Thrombosen und Durchblutungsstörungen der Beine
- Blutgerinnungsstörungen (auch durch Medikamente wie *Marcumar* ausgelöst)
- Schwangerschaft
- Menstruation.

Nicht nur für Asanas, sondern auch für die Meditation gibt es Gegenanzeigen. So sollte bei *schizophrenen Psychosen* nicht meditiert werden, denn meditieren läßt die Grenzen des Ichs durchlässiger werden, was für diese seelisch Kranken nicht erwünscht ist, da die Aufrechterhaltung dieser Grenzen ja gerade ihr Problem ist. Für *Neurotiker* hingegen kann speziell die *Vipassana*-Meditation, in der das Beobachten eines Vorgangs ohne Wertung geübt wird, hilfreich sein, um langsam eine Distanz zu ihren Fehlvorstellungen zu erreichen.

5. Kapitel

Die Yogapraxis

Wie soll man Yoga üben?

Nachdem wir gesehen haben, welche hohen oder auch profanen Ziele mit dem Yoga angestrebt werden, wollen wir uns der Frage zuwenden, wie Yoga geübt werden soll.

Wer nach geeigneter Literatur sucht, wundert sich: Die Zahl der Bücher über den Yoga wird immer unübersichtlicher. Woran liegt das? Gibt es plötzlich neue Erkenntnisse?

Nein, natürlich nicht. Obwohl die klassischen Anweisungen wie in Patanjalis *Yoga-Sutras* oder der *Hatha-Yoga-Pradipika* eindeutig sind, wurden sie aber so knapp abgefaßt, daß eine individuelle Interpretationsfreiheit bleibt. Das führte zu verschiedenen Schulen in der Tradition bestimmter Meister mit eigenem Stil. Die Spannbreite der Schulen reicht dabei von athletischem Yoga mit starken Körperreizen (z. B. die *Iyengar*-Schule) bis hin zu Schulen, wo die Ausführung von Asanas gegenüber der Meditation und der spirituellen Entwicklung völlig in den Hintergrund tritt. Um die Potentiale des Yoga wirklich zu nutzen, sollte die Kunst der äußerlich perfekten Ausführung vorgegebener Verfahren nicht im Vordergrund stehen, vielmehr sollte es um einen langen Prozeß des Erlebens und der Entwicklung eigener Möglichkeiten mittels verschiedener Übungstechniken gehen. Gerade wenn uns Yoga helfen soll, mit dem heutigen Leben und seinen vielen Stressoren besser klar zu kommen, dann sollte unsere Yogapraxis aus einer ausgewogenen Mischung von körperlicher Aktivität und geistiger Übung bestehen. Unser Yoga sollte also alle Ebenen, die grobstoffliche (= materielle) ebenso wie die spirituelle Ebene erreichen. Wie dies konkret aussehen kann und wie selbst die Ausführung derselben Übung bei der Erforschung verschiedener Ebenen spannend bleiben kann, wollen wir uns gleich noch genauer ansehen. Zunächst sei jedoch auf eine erste große Falle verwiesen:

Wenn ein Mensch vom Typ-A-Verhaltensmuster beginnt, den Yoga zu erlernen, dann neigt er dazu, dieses für ihn neue Verfahren genauso zu praktizieren, wie er sonst auch handelt und seine Aufgaben erfüllt. Das bedeutet, er wird ehrgeizig sein, um die vorgegebenen Lernziele möglichst rasch und möglichst gut – vielleicht sogar „besser" als alle anderen – zu erreichen. Er wird also versuchen, der „perfekte" Yogi zu werden. Wenn Sie, lieber Leser, den bisherigen Ausführungen aufmerksam gefolgt sind, so ist Ihnen sicherlich augenblicklich klar, daß damit das Hauptproblem des Typ-A-Menschen trotz des Yogaübens überhaupt nicht gelöst ist. Er wird weiterhin alle Schwierigkeiten mit Feuereifer ohne Rücksicht auf andere oder sich selbst und seine Bedürfnisse alleine überwinden wollen. Er hat also lediglich ein neues Betätigungsfeld für seinen Ehrgeiz gefunden. Wie kommt er nur aus diesem Dilemma heraus?

Zunächst einmal liegt es auf der Hand, daß hier der Einfluß des Yogalehrers ganz entscheidend ist. Er muß dem Schüler helfen, seine Verhaltensmuster selbst zum Gegenstand der aufmerksamen Beobachtung zu machen. Und da sind wir schon am wichtigsten Punkt, nämlich der *Wahrnehmung*. Die *Beobachtung* der *körperlichen* und *seelischen Vorgänge* sollte im Mittelpunkt der Yogapraxis stehen, wobei diese Beobachtung ohne Wertung erfolgen sollte, so wie es auch bei der *Vipassana*-Meditation geübt wird. Dieser einfache Grundsatz entfaltet langfristig außerordentliche Wirkungen, weil nur so alte Gewohnheiten und Verhaltensmuster ihre Kraft verlieren und überwunden werden können. Aber wie kann diese Wahrnehmung geübt werden?

Gibt es überhaupt noch mehr wahrzunehmen außer den Körperempfindungen, oder ist alles andere reine Einbildung? Ist Yoga nicht sowieso nur eine etwas bessere Gymnastik?

Körperbewußtsein – oder: Wie sich Yoga von Sport und anderen Bewegungsformen grundsätzlich unterscheidet

Viele Yoga-Asanas ähneln vom äußeren Bild her Dehnungsübungen aus der Gymnastik oder den moderneren Verfahren wie *Stretching,*

Aerobic oder *Callanetics*. Wieso soll ausgerechnet Yoga hier Vorzüge bieten oder grundsätzlich andere Wirkungen entfalten, wo man dabei doch noch nicht mal ins Schwitzen kommt, ist eine häufig gestellte Frage. In der Tat ist der Effekt auf das Herz-Kreislaufsystem bei der Ausführung der Yoga-Asanas eher bescheiden, es handelt sich, wie wir bereits gesehen haben, physiologisch gesehen nur um leichte Arbeit. Also kann der Sinn keinesfalls zuvorderst im Verbessern der Kondition liegen. Dieser Hinweis gilt ganz besonders auch für diejenigen Yoga-Anhänger, welche ihr Heil in einem „sportlichen Stil" bei der Ausführung der Übungen suchen, vielleicht, um so unbewußt „konkurrenzfähig" zu werden mit echten Sportlern. Vor allem im jugendlichen Alter, wenn der eigene Körper auf neue Herausforderungen nur zu warten scheint, erliegt man leicht dieser Versuchung. Natürlich kann man so üben, aber es besteht dann die Gefahr, das „Yogaspezifische" aus den Augen zu verlieren. Nun, worin besteht denn das Yogaspezifische, werden Sie zu Recht wissen wollen.

Betrachten wir einmal eine einfache Übung wie *Paschiomottanasana*. (Eine Abbildung der Haltung findet sich im Kapitel *Yoga und Streßverarbeitung – das Konzept einer eigenen Studie*.) In Deutschland wird der Asana zumeist „die Zange" oder „der Kniekuß" genannt Diese Bezeichnungen sind dabei ungenau und verführen geradezu dazu, den Grundgedanken der Übung falsch zu verstehen, wie wir noch sehen werden. Scheinbar die gleiche Übung (das Vornüberbeugen des Oberkörpers auf die ausgestreckten Beine) gibt es in der klassischen Gymnastik wie auch in vielen anderen Bewegungsformen. Führe ich diese Übung also gymnastisch aus, dann orientiere ich mich an dem äußeren Bild, das heißt, ich „beherrsche" (man beachte den Beiklang des Verbs) die Übung, wenn es mir gelingt, den Kopf auf die durchgedrückten Knie zu legen. Die äußere, von anderen sichtbare Form ist dabei entscheidend; ob ich mir dabei „einen abbreche", den ganzen Körper mit anspanne, meine verkürzten Muskeln an überdehnten Bändern zerren lasse oder was auch immer, das ist alles sekundär, solange die Übung (man verzeihe die Wiederholung) in der Form korrekt ist.

Der Yoga geht hier einen grundsätzlich anderen Weg: Die äußere Form der Ausführung ist zwar ein nettes, ästhetisches Beiwerk, kann

74

aber keinesfalls im Mittelpunkt der Bemühungen stehen. Das Wichtigste in der Ausführung von Yoga-Asanas ist die *Wahrnehmung*. Der Anfänger darf in den Übungen zunächst eine traurige Gestalt abgeben, schließlich ist noch kein Meister vom Himmel gefallen, aber er muß unbedingt selbst *spüren*, was in seinem Körper passiert. Yoga ist zunächst einmal eine Expedition ins fremde Universum des Körperinneren, eine Reise mit dem Bewußtsein, der eigenen Aufmerksamkeit.

Während der Gymnast, der die oben erwähnte Zange in vollendeter Form demonstrieren kann und dabei an alles mögliche denken mag, vielleicht seine letzte Steuererklärung im Geiste ausfüllt oder eine neue Sinfonie komponiert, ist der Yogi gehalten, seine Aufmerksamkeit voll und ganz auf den eigenen Körper und die dort fühlbaren Vorgänge zu konzentrieren, (fast) egal, wie die äußere Form aussieht.

Halten wir uns noch einmal die Bezeichnung *Paschimottanasana* vor Augen. Laut *André van Lysebeth*, dem bekannten belgischen Yogalehrer, heißt die korrekte Übersetzung: „Haltung, bei der die Kraft im Westen aufsteigt." Dazu muß man wissen, daß Asanas in Indien klassischerweise am frühen Morgen geübt werden mit Blick zur aufgehenden Sonne, also nach Osten. Demnach heißt die Position also: „Haltung, bei der die Kraft im Rücken aufsteigt." Allein schon dieser korrekte Name veranschaulicht sehr schön die immense Bedeutung der Körperwahrnehmung im Yoga: Den Prozeß des Energieflusses zu spüren ist das Ziel dieser Übung – und nicht irgendeine bestimmte Dehnung.

Dieser scheinbar unbedeutende Unterschied ist ganz wesentlich, denn während der Sportler seine Kondition und Beweglichkeit perfektioniert, verändert die zunehmende Sensibilität des Yogis sein gesamtes Körperschema und seine Körperwahrnehmung. Wie wichtig die eigene Körperwahrnehmung ist und wie geradezu grotesk und gefährlich verzerrt sie sein kann, läßt sich am Beispiel von magersüchtigen Menschen ersehen, die bei einem Körpergewicht von 45 kg objektiv bereits in schwerer Lebensgefahr schweben und beim Blick in den Spiegel immer noch aus tiefstem Herzen überzeugt sind, zu dick zu sein.

Aber die Störung der Körperwahrnehmung muß gar nicht so extrem sein, um Beeinträchtigungen der Gesundheit herbeizuführen. Unzählige Verspannungen, vor allem im Schulter-Nacken-Bereich, Kopfschmerzen und Haltungsschäden sind das Resultat von Körperschemastörungen. Im Abschnitt *Der Schmerz sitzt im Nacken* werden wir uns ein konkretes Beispiel ansehen.

Rechnet man den indirekten Schaden hinzu, der durch ungünstige Selbstbehandlungsversuche wie Alkohol und Frustessen bei depressiver Verstimmung, durch Zigaretten bei Nervosität und unkontrollierte Medikamenteneinnahme bei Schmerzen, Angst oder sonstigen Befindlichkeitsstörungen entsteht, hinzu, dürften die durch falsche Körperwahrnehmung hervorgerufenen Kosten (heutzutage im Gesundheitswesen inzwischen schließlich das wichtigste Argument) astronomisch sein. Meiner Ansicht nach ist die Normalisierung, besser noch die Optimierung der Körperwahrnehmung der wichtigste Nutzen überhaupt, den wir als westlich erzogene Menschen aus der Yogapraxis ziehen können. Alle anderen Argumente, tatsächliche oder vermeintliche Wirkungen des Yoga verblassen dagegen. So wird hoffentlich verständlich, weshalb – wie an anderer Stelle bereits ausgeführt – die Zuordnung einzelner Übungen zu bestimmten Gesundheitswirkungen wenig hilfreich ist. Yoga-Asanas sind keine Tabletten, zu denen es Indikationslisten gäbe!

Lassen Sie uns noch radikaler werden: Wenn Sie Yoga im oben erläuterten Sinne praktizieren, d.h. Ihre Wahrnehmung bei der Ausführung der Übungen ganz auf den eigenen Körper richten, dann ist es fast egal, welche Asanas Sie ausführen! „Fast egal" bedeutet, daß die Konzentration auf den eigenen Körper automatisch immer mehr dazu führt, daß Sie spüren sollten, welche Übung Ihnen gut tut. Schon vor Jahren begann ich dieses Gefühl für den eigenen Körper in Yogakursen zu fördern, indem ich fortgeschrittene Schüler dazu ermunterte, an bestimmten Stellen in einer Übungsreihe nachzuspüren und selbständig einen Asana auszuwählen und auszuführen, nach dem sie in genau diesem Moment ein Bedürfnis verspürten.

Ich persönlich denke, die entscheidende Botschaft des Yoga läßt sich in einem Satz zusammenfassen. Sie glauben das nicht? Dann lesen Sie dazu im Epilog *Die Geschichte von Nigoy – oder eine Yogalegende.*

Die acht Dimensionen eines Yoga-Asana und das Konzept der Koshas

Die folgende Beschreibung von acht Wahrnehmungsbereichen oder Dimensionen erhebt keinen Anspruch auf Vollständigkeit. Jeder, der Yoga lange genug praktiziert, kann sicherlich noch ungezählte weitere Wahrnehmungsbereiche entdecken, die für ihn selbst vielleicht sogar noch bedeutsamer und interessanter sein können. Wichtig ist dabei, den jeweiligen Bereich „zur Ruhe kommen zu lassen", um so die Wahrnehmung immer weiter zu verfeinern und so subtilere Ebenen zu erreichen. Fast von selbst lernen wir dabei das Konzept der *Koshas* (Körper, Hüllen) im Yoga kennen. Zu beachten ist dabei, daß alle diese Wahrnehmungen subjektiv sind und sich nicht auf wissenschaftliche Konzepte stützen. Dies mindert keinesfalls ihren Wert, sollte aber bedacht werden, um die Unterschiede zwischen wissenschaftlichen Untersuchungsergebnissen und persönlicher Erfahrung nicht zu vermischen.

Als Beispiel für eine solche Entdeckung tieferer Wahrnehmungsbereiche soll uns *Bhujangasana* (Kobrahaltung) dienen. (Eine Abbildung der Haltung findet sich ebenfalls im Kapitel *Yoga und Streßverarbeitung – das Konzept einer eigenen Studie.*)

Die *acht Wahrnehmungsdimensionen* sind:
1. Die atmende Statue
2. Das Erspüren der Reizpunkte
3. Die Balance
4. Die Atemräume
5. Der Fluß
6. Die Elemente
7. Der Ausdruck
8. Die Geistesbewegungen.

1. Die atmende Statue

Zu Beginn der Yogapraxis muß der Schüler lernen, nach *Patanjalis* Grundsätzen unbeweglich und entspannt in der vorgegebenen Haltung zu verharren. Der Atem und natürlich der Herzschlag, der aber weniger deutlich gespürt wird, sollten die einzigen Bewegungen sein. Dies ist bereits bei einigen Übungen für den Anfänger recht schwierig.

Bhujangasana wird aus der Bauchlage begonnen, die Hände liegen mit den Handflächen am Boden unter den Schultern. Nach einer Vordehnung, bei der die Fußspitzen und der Kopf vom Rumpf weggeschoben werden, werden Becken, Bauch und Brust sanft gegen den Boden gedrückt. Mit der Einatmung hebt man langsam Kopf und Oberkörper an. Die Kraft zur Aufrichtung sollte zunächst nur aus der Rückenmuskulatur kommen. In der zweiten Phase kann mit Druck der Hände gegen den Boden eine weitere Aufrichtung erfolgen. Wichtig ist dabei jedoch, daß die Arme keinesfalls durchgestreckt werden und die Schultern nicht angehoben werden, um Verspannungen im Nacken zu vermeiden. Damit auch im Bereich der Lendenwirbelsäule keine Überreizung stattfindet, sollte das untere Becken mit dem Schambeinknochen fest gegen den Boden gedrückt bleiben. Grundsätzlich läßt sich bei fast allen rückwärtigen Dehnungen eine Fehlbelastung der Lendenwirbelsäule vermeiden, wenn das Becken leicht nach vorne geschoben wird, so wie beim Geschlechtsverkehr.

2. Das Erspüren der Reizpunkte und die Fokussierung auf einen Körperbereich

Im nächsten Schritt sollte auf die Reizpunkte geachtet werden. Unter Reizpunkten versteht man dabei die Körperbereiche, wo die deutlichsten Sinneswahrnehmungen feststellbar sind. Man achte vor allem auf die folgenden Fragen:

Wo im Körper treten während der Haltung besonders intensive Empfindungen auf?

In welchem Bereich wird der Reiz so stark, daß die Position aufgelöst werden muß?

Was passiert nach der Übung im Körper?

Bei *Bhujangasana* ist in Phase 1 zumeist die Rückenmuskulatur der stärkste Reizpunkt, in Phase 2 sind es häufig die Arme. Wenn die Lendenwirbelsäule der Punkt der maximalen Reizung ist, dann sollte unbedingt die Ausführung der Haltung auf ihre Richtigkeit hin überprüft werden.

Um noch genauer wahrzunehmen, was im Körper passiert, konzentriert man sich bewußt auf die Körperbereiche, auf welche die Haltung besonders wirkt.

Bei *Bhujangasana* ist die Aufrichtung aus der Bauchlage mit der Kraft im Rücken das wichtigste Thema.

3. Die Balance

Hierbei achtet man auf das Gleichgewicht in der Wahrnehmung zwischen den beiden Körperseiten, zwischen Vorder- und Rückseite des Körpers sowie zwischen der oberen und unteren Körperpartie.

Bei *Bhujangasana* fällt das Ungleichgewicht zwischen Vorder- und Rückseite des Körpers besonders auf: Während im Rücken eine Anspannung und Verkürzung spürbar wird, sind Bauch und Brustkorb geöffnet und gedehnt. Der Unterkörper liegt völlig entspannt auf der Unterlage, wohingegen der Oberkörper aktiv ist. Zwischen der linken und rechten Körperseite ist in einer solchen symmetrischen Haltung natürlich keine Differenz festzustellen.

4. Die Atemräume

Einen wichtigen Platz nehmen bei allen Asanas die Atemräume ein. Durch Verformungen des Brustkorbs und des Bauchraums werden in jeder Haltung unterschiedliche Bereiche der Lunge stärker belüftet. Mit der Unterscheidung Bauch- oder Brustatmung sollten Sie sich nicht zufrieden geben. Achten Sie auch auf die Richtung der Atembewegungen wie zum Rücken hin, in die Flanken etc.

Weiterhin kann beobachtet werden, wie sich die Körperhaltung in den verschiedenen Phasen der Atmung verändert.

In *Bhujangasana* ist der Bauch gegen den Boden gedrückt, damit ist hier nur eine geringe Ausdehnung mit der Einatmung möglich. Ganz anders im Brustkorb: Durch die Dehnung des Brustkorbs ist hier eine vertiefte Atmung bis in die Lungenspitzen hinein möglich. Diese Öffnung bezieht sich jedoch fast ausschließlich auf die Vorderseite des Brustkorbes, der Rücken ist nahezu blockiert.

5. Der Fluß

Dies ist der erste Schritt in die Wahrnehmung der feineren Ebenen. So wie in *Yoganidra*, der Yogaentspannung, nach einiger Zeit ein Gefühl von Wärme wahrgenommen werden kann, das zu fließen, vibrieren, prickeln oder zu pulsieren scheint, können mit zunehmender Übung auch während der Ausführung von jedem *Asana* ähnliche Phänomene wahrgenommen werden. Verstärkt werden können der Einfluß und die Wahrnehmung auf dieser Ebene durch die Beeinflussung des Atems mittels *Pranayama* (Energielenkung), auch während der Ausführung des Asana.

Die deutlichsten Empfindungen treten während der Praxis von *Bhujangasana* vor allem im Rücken und an der Vorderseite des Körpers auf.

6. Die Elemente

Bereits seit dem griechischen Altertum ist die Einteilung der Welt in die vier Elemente *Feuer, Wasser, Erde* und *Luft* bekannt. Gelegentlich wird noch der *Äther* als fünftes Element beschrieben. Die ebenfalls schon lange bekannten vier *Grundtemperamente*, wie sie insbesondere bei der *anthroposophischen Menschen-* und *Heilkunde* eine bedeutende Rolle spielen, beziehen sich ebenfalls auf die jeweils dominierenden Elemente.

Der energische, ungeduldige *Choleriker* wird danach vom Feuer beherrscht; der träge, aber dafür ausdauerndere *Phlegmatiker* vom

Wasser beeinflußt, den oberflächlichen, sprunghaften und lebenslustigen *Sanguiniker* dominiert die Luft, und der in sich gekehrte, nachdenkliche und an Verstimmungen leidende *Melancholiker* wird dem Einfluß der Erde zugeordnet.

So, wie jeder Mensch bei aufmerksamer Reaktion des eigenen Verhaltens unschwer feststellen kann, welches oder welche Temperamente bei ihm besonders ausgeprägt sind, lassen sich auch durch jeden Asana Einflüsse in Form von bestimmten Empfindungen beobachten, wie sie für die jeweiligen Elemente charakteristisch sind:

Feuer:
Hitze, Kraft, Schwitzen, Anstrengung, gesteigerter Antrieb, Unruhe, schneller Atem;

Wasser:
Ruhe, Fließen, gleichmäßiger Rhythmus (vor allem des Atems), Weichheit, zunehmende innere Stille;

Luft:
Leichtigkeit, Mühelosigkeit, Unbeschwertheit, Unbegrenztheit, sprunghafter Gedankengang, leichter (oberflächlicher) Atem;

Erde:
Schwere, Festigkeit, Erdverbundenheit, Starre, Kraft, Ruhe, schwerer Atem.

Versuchen Sie, lieber Leser, doch selbst einmal herauszufinden, welches Element bei Ihnen vorherrscht, wenn Sie Bhujangasana üben.

7. Der Ausdruck

Jeder Asana hat eine oft schon in der Bezeichnung verborgene symbolische Bedeutung, die sich im Lauf einer längeren Yogapraxis mehr und mehr erschließt.

Die Kobra in *Bhujangasana* steht für zwei Aspekte der *Evolution*: Die Kobra oder Schlange entspricht der Landnahme der Amphibien, als die ersten Tiere das Urmeer verließen und das erste Mal sich aus eigener Kraft aufrichten konnten, der wärmenden Sonne entgegen. Da die Amphibien, Echsen und Schlangen wechselwarme Tiere sind, bleiben sie in ihrer Lebendigkeit auf die äußere Wärme der Sonnenstrahlen angewiesen, was die große Bedeutung dieses Aufrichtens und der bewußten Zuwendung zur Quelle der Wärme und des Lebens erklärt.

In der *individuellen Entwicklung* erlebt jeder Mensch – ebenfalls sehr früh – einen ähnlich wichtigen Schritt, wenn das Baby das erste Mal aus eigener Kraft den für ihn unglaublich schweren Kopf heben kann, um sich bewußt und selbständig den Eltern, also seinen nährenden Kräften, zuzuwenden.

Versuchen Sie doch einmal in *Bhujangasana* dem Bewußtsein, der Freude und dem Stolz des Babys oder des Lurchs nachzuspüren, wenn Sie Ihren Oberkörper aufrichten!

8. Die Geistesbewegungen

Hat man den körperlichen Empfindungen nachgespürt und ist der Symbolik auf den Grund gegangen, dann folgt der letzte Schritt, der genau so wichtig wie alle vorhergehenden ist:

Welche Gedanken und geistige Wahrnehmungen löst die Haltung aus? Natürlich treten hier viele Geistesbewegungen auf, die keinen direkten Bezug auf die ausgeführte Haltung zu haben scheinen, trotzdem lohnt sich auch hier eine genaue Beobachtung, denn nur dadurch kann eine Annäherung an Patanjalis „Zur-Ruhe-kommen-der-Geistesbewegungen" *(citta vritti nirodha)* erreicht werden. Erst die offene Wahrnehmung der Gedanken ohne Beurteilung, Wertung, gefühlsmäßige Reaktion oder die Absicht, sie weiter zu verfolgen, nimmt ihnen ihre Macht und befreit uns so von dem ewigen inneren Monolog, der uns davon abhält, das wahrzunehmen, was wirklich ist.

So wie wir jetzt anhand von *Bhujangasana* diese Dimensionen der Wahrnehmung kennengelernt haben, kann mit jedem *Asana* verfahren werden. Lieber Leser, seien Sie zu entsprechenden Experimenten herzlich eingeladen!

Was haben wir eigentlich gemacht, wenn wir auf diese Weise eine Yogaübung auf verschiedenen Ebenen wahrgenommen und erfahren haben? Im Grunde genommen haben wir so bereits das Konzept der Koshas im Yoga kennengelernt. Danach besteht der Mensch aus fünf Körpern oder Hüllen, die sich durch eine unterschiedliche Dichte und jeweils eigene Wahrnehmungsbereiche auszeichnen.

Obwohl der Terminus Körper oder Hülle etwas Materielles suggeriert, handelt es sich nur bei *annamaya-kosha*, dem „aus Nahrung gebildeten" grobstofflichen (also dem anatomischen) Leib um einen festen Körper im physikalischen Sinn. Die ersten vier unserer Wahrnehmungsbereiche sensibilisieren uns für *annamaya-kosha*.

Mit den Dimensionen *Energiefluß* und *Elemente* kann *pranamaya-kosha*, der *Energiekörper* erfahren werden. Wie gesagt, handelt es sich dabei um keine anatomische Struktur, auch nicht um das Gefäß- oder Nervensystem, sondern um eine rein subjektiv wahrnehmbare Ebene, die insbesondere mittels Atemlenkung – wie im *Pranayama* –, durch *Mudras* (Gesten oder Gebärden) und *Bandhas* (Verschlüsse von Energiebahnen) beeinflußt werden kann.

Bei genauem Hineinspüren zeigen sich aber bereits bei der Ausführung von Asanas deutliche Veränderungen. Darauf beruht auch der *Yoga der Energie* nach *Boris Tatzky*. Auch die an anderer Stelle erwähnten Chakren (Energiezentren) sind im Bereich von *pranayama-kosha* erfahrbar.

Manomaya-kosha, die Hülle des Sinn- und Denkbewußtseins, läßt sich in der Dimension des Ausdrucks und der Symbole erleben. Hier zeigen sich die zunehmende Abstraktion und der Übergang von der Körperlichkeit in das Bewußtsein und die Denkvorgänge.

Vijnamaya-kosha, der aus Erkenntnis gebildete Leib, ist in der Meditation und in der Dimension der Geistesbewegungen erfahrbar. Kommen auch die Gedanken zur Ruhe, dann kann spontan *anandamaya-kosha*, die Hülle der Seligkeit, wahrgenommen werden. Es gibt keine spezielle Übung, mit der dieser Körper forciert erspürt werden könnte. Hier hilft nur viel Geduld und Ausdauer.

Ich hoffe, es ist klar geworden, wie eng die verschiedenen Ebenen der menschlichen Existenz von physiologischen Vorgängen bis hin zu unseren Gedanken im Yoga verflochten sind und wie hier alle

Bereiche gleichermaßen geübt werden, zum Teil sogar, ohne daß es jedem Praktizierenden immer bewußt ist.

6.4. Zehn typische Ausreden, um nicht mit Yoga zu beginnen

Warum mag jemand bei so vielen Gründen, die für eine Yogapraxis sprechen, dennoch nicht damit beginnen?

In diesem Abschnitt gehe ich auf die häufigsten und typischen Ausreden ein, die vorgebracht werden, um Yoga nicht zu üben. Neben den zehn typischen Ausreden gibt es noch eine elfte, die nur von Männern vorgebracht wird. Gerade diese letzte Ausrede ist kein Ruhmesblatt männlichen Geistes und läßt die Tatsache, daß wir Männer im Schnitt mindestens über 100 Gramm mehr Gehirnmasse als Frauen verfügen sollten, glatt vergessen.

Wenn Sie verehrter Leser, vielleicht schon seit Jahren ein überzeugter Yogi sind und einen Freund haben, bei dem Sie sich so sicher sind, daß er ungemein profitieren könnte, wenn, ja wenn er nur endlich mit Yoga begänne...

Achtung: Nicht jeder Mensch möchte automatisch sein Bestes. Tatsächlich gibt es Leute, die ihr Leben unterbewußt auf Versagen und Opfer aufgebaut haben, weil dies die einzige Art Erfahrung ist, die sie aus ihrer Kindheit kennen. So jemand möchte vielleicht gar nicht aus seinem Schlamassel erlöst werden.

Die Liste der folgenden Ausreden bezieht sich jedoch auf diejenigen, die an einer wirklichen Veränderung interessiert sind, denen aber noch ein kleiner Impuls fehlt, um endlich loslegen zu können.

1. Ich bin zu nervös (unruhig, zappelig).
2. Ich bin zu steif (zu unsportlich, zu dick, zu dünn, zu alt, zu jung, zu klein...).
3. Ich habe keine Zeit.
4. Yoga ist mir zu langweilig.
5. Yoga wird mir auch nicht helfen (wie mir noch nie irgendwas helfen konnte).

6. Ich kann mich besser mit einer Flasche Bier vor dem Fernseher entspannen.

7. Wenn ich Yoga praktizieren wollte, müßte ich erst aufhören zu rauchen, Alkohol zu trinken und Fleisch zu essen. (Und das will ich alles nicht aufgeben!)

8. Ich habe Angst, verrückt zu werden, wenn ich mit Yoga beginne.

9. Ich will kein Hindu (oder Buddhist) werden, indem ich Yoga praktiziere, weil ich gläubiger Christ (oder Atheist) bin.

10. Wenn ich nicht regelmäßig üben kann, sollte ich es besser gleich ganz sein lassen.

11. Yoga ist nur was für Frauen.

1. Ich bin zu nervös (unruhig, zappelig)

Dieser Einwand wird recht oft geäußert, dabei verwechseln die „Unruhegeister" jedoch Voraussetzung mit Folge. Es ist absurd anzunehmen, erst ab einem bestimmten Grad der inneren Ruhe könne man Yoga praktizieren. Gerade *weil* diese innere Ruhe nicht vorhanden ist, wird der Betreffende von der Yogapraxis profitieren, wenn er sie allmählich erlangt. Zu sagen, ohne innere Ruhe könne man den Yoga nicht erlernen, ist genauso abwegig, wie wenn ein Kind sagt, es wolle nicht in die Schule gehen, weil es nicht lesen und schreiben könne!

Vielleicht erinnern Sie sich an die Feststellung des Forschers im Kapitel über die psychischen Wirkungen, daß ausgerechnet diejenigen, die Yoga am wenigsten nötig haben, davon am meisten profitieren. Umgekehrt ist es für die, die Yoga am nötigsten hätten, vor allem zu Beginn leider oft schwer, eine Wirkung festzustellen. Wer wegen der vermeintlichen eigenen Unruhe gar nicht erst versuchen will, sich zu entspannen, beraubt sich aber von vornherein dieser Möglichkeit.

Häufig verbirgt sich hinter dieser Ausrede auch eine Weigerung, die eigene „Nervosität" oder Unruhe überhaupt in Frage zu stellen. Vielleicht gibt es einen psycho-logischen Grund, zappelig zu sein. In dem Fall sollte man natürlich zunächst einmal diese Ursache klären, bevor man mit Yoga beginnt, sich dabei jedoch bewußt sein und dazu stehen, daß man noch nicht ruhig werden *will*. Vielleicht erschiene das Leben ohne Nervosität nur noch halb so spannend?

Wer sich schließlich trotz seiner Nervosität entscheidet, Yoga zu erlernen, und mit seiner inneren Unruhe konfrontiert ist, sollte diese zunächst – wie alle anderen Empfindungen auch – sehr genau beobachten, ohne innerlich eine Wertung vorzunehmen. Es braucht Zeit, bis sich der erwünschte Effekt einstellt. Wappnen Sie sich mit Geduld!

2. Ich bin zu steif (zu unsportlich, zu dick, zu dünn, zu alt, zu jung, zu klein...)

Eigentlich sollte Ihnen als aufmerksamem Leser sofort klar sein, daß auch dieser Einwand wenig Sinn macht. Wie wir in den vorausgegangenen Kapiteln gesehen haben, steht die Wahrnehmung der Körperempfindungen im Vordergrund. Athletische Fähigkeiten oder eine überdurchschnittliche Beweglichkeit, um alle Körperhaltungen eines Lehrbuches sofort einzunehmen, sind keine Voraussetzung; genauso wenig wie eine bestimmte Körpergröße, eine bestimmte Statur, Haarfarbe oder ein spezielles Alter.

Auch ältere Menschen können noch mit Yoga beginnen – natürlich sollten sich ihre Übungen dann von denen junger Erwachsener oder Jugendlicher unterscheiden. Darauf kommen wir jedoch noch zurück. *So* steif oder unsportlich ist niemand, als daß er nicht Yoga praktizieren könnte. Wie wir bereits gesehen haben, besteht der wertvollste Beitrag des Hatha-Yoga für das Leben des heutigen Menschen in der Wahrnehmungsschulung; unter diesem Aspekt können sogar querschnittsgelähmte Patienten Yoga praktizieren.

3. Ich habe keine Zeit

Das Totschlagargument unserer Tage! Natürlich hat heute, im Zeitalter der Informationsflut schneller Medien, kein Mensch mehr Zeit für alles. Nur um aktuell und umfassend politisch oder wissenschaftlich informiert zu sein, könnte man mehr als 24 Stunden täglich beschäftigt sein. Daher muß jeder Prioritäten setzen und sich entscheiden, was ihm wirklich wichtig ist. Wer wirklich Yoga praktizieren will, der wird es auch einrichten können. Niemand verlangt von uns, drei Stunden täglich zu üben, wie manche Inder. Vielleicht reicht uns eine halbe Stunde, möglicherweise auch nur wenige Minuten, aber so viel Zeit, daß wir uns auf uns selbst, den eigenen Körper und unsere Empfindungen konzentrieren können, haben wir sicherlich – wenn wir nur wollen.

Sie glauben immer noch, keine Zeit dafür zu haben? Dann überlegen Sie einmal, wieviel Zeit Sie vor dem Fernsehgerät verbringen. Wäre es nicht einen Versuch wert, hier mal etwas Zeit abzuzwacken? Fernsehen können Sie später immer noch, und aufgrund der vielen Wiederholungen werden Sie kaum etwas versäumen.

4. Yoga ist mir zu langweilig

Was stellen Sie sich unter Yoga überhaupt vor? Mit verknoteten Beinen stundenlang unverständliche Silben vor sich hin zu brummen? Mechanisch eine vorgegebene Reihe von soften Fitneßübungen zu absolvieren, um sie schnell „hinter sich zu bringen"?

Yoga lädt Sie ein zu einer faszinierenden Entdeckungsreise in Ihren eigenen Körper und in die feineren Schichten Ihres Menschseins. Wenn Ihnen Yoga langweilig erscheint, dann läuft etwas falsch! Yoga ist in erster Linie eine Form der Selbsterfahrung und Selbstwahrnehmung. Diese Reise geht nie zu Ende und hat für jeden – auch für Sie – eine Menge an Überraschungen zu bieten. Sie glauben, Ihren Körper bis in die letzten Winkel zu kennen? Sie werden sich wundern! Betrachten Sie Yoga nicht länger als eine rein funktionelle Technik, um die unwillige Maschine Körper einigermaßen in Schuß zu halten. Konzentrieren Sie sich lieber auf den sinnlichen Aspekt des Spürens und Fühlens, lassen Sie das Übungsprogramm zu einer erotischen Beschäftigung mit Ihrem eigenen Körper werden, dann wird Langeweile im Yoga ein Fremdwort für Sie sein.

5. Yoga wird mir auch nicht helfen (so, wie mir noch nie irgendwas helfen konnte)

Bereits diese Grundaussage macht klar, daß es sich nicht um eine Erfahrung, sondern um eine Annahme, um einen inneren Glaubenssatz handelt. Wer als Arzt, Psychologe, Heilpraktiker oder in sonst irgendeinem helfenden Beruf arbeitet, begegnet gelegentlich Menschen, die verzweifelt scheinen und über eine lange Leidenskarriere berichten. Keiner habe ihnen bisher helfen können, und Sie, nur Sie seien ihre letzte Hoffnung. Oft werden dann umfangreiche Untersuchungen und Behandlungen zum x-ten Male wiederholt, so als seien die vorigen Ärzte, Psychologen usw. alle ausnahmslos unwissende Trottel gewesen, und der Patient genießt Ihre Aufmerksamkeit und Ihre Bemühungen. Leider sind sie jedoch nicht von Erfolg gekrönt. Der Betreffende klagt über die gleichen Beschwerden und verhehlt nicht seine schwere Enttäuschung, oft mit vorwurfsvollem Unterton, daß Sie ihm auch nicht helfen konnten. Der Heiler wiederum wird irgendwann (je nach seiner Geduld) verärgert reagieren, weil alle seine Anstrengungen umsonst waren, und der Leidende wird eine neue Kapazität aufsuchen, einen noch „besseren" Arzt, Psychologen usw., und das Spiel kann sich so unendlich fortsetzen.

Was geschieht hier eigentlich? Patienten, die auf diese Weise ihre helfenden Heiler reihenweise verschleißen, werden auch *Kapazitätenkiller* genannt, und die Störung nennt sich malerisch „Doctor-Shopping-Syndrom." Es handelt sich um ein unterbewußtes psychologisches Spiel, bei dem der Genuß der Aufmerksamkeit, die dem Kapazitätenkiller entgegengebracht wird, und die unterbewußte Befriedigung, einen versierten Fachmann scheitern zu lassen, größer sind als der Wunsch nach wirklicher Heilung. Menschen mit dieser Art von seelischer Fehlentwicklung finden sich auch in Yogakursen und esoterischen Workshops. Natürlich kann man, statt die „Skalps" von versagenden Heilern zu sammeln, auch auf diese Weise verschiedene spirituelle Methoden ausprobieren, immer euphorisch beginnend, um sie dann doppelt so enttäuscht abzubrechen.

Wenn Sie, lieber Leser, also annehmen, daß Ihnen Yoga keinesfalls helfen könne, dann fragen Sie sich bitte auch einmal, ob Ihnen *irgend etwas* helfen kann oder ob Sie vielleicht im tiefsten Innern auf eine Art auch zufrieden sind mit Ihrer Situation und damit, daß Sie sich darüber (natürlich zu Recht) ständig beklagen können.

Falls Sie aber selbst kein Kapazitätenkiller sind, sondern einem der oben aufgeführten helfenden Berufe angehören, werden Sie vielleicht wissen wollen, wie man mit solchen Menschen am besten umgeht. Gut, ich verrate Ihnen einen Trick: Wenn der Kapazitätenkiller Ihnen erzählt, wer ihm alles schon nicht helfen konnte, und Ihnen, seiner letzten und größten Hoffnung, wie er sagt, Honig um den Bart schmiert, dann bleiben Sie skeptisch. Sagen Sie zum Beispiel:

„Wenn Ihnen so viele Kapazitäten nicht helfen konnten, dann fürchte ich, auch nicht erfolgreicher zu sein. Wir können es ja mal probieren, obwohl ich – um ehrlich zu sein – mir an Ihrer Stelle keine großen Hoffnungen machen würde."

So pessimistisch? Ja, unbedingt, denn damit bringen Sie das Konzept des Kapazitätenkillers völlig durcheinander. Gibt er keine Besserung an, behalten Sie Recht, was er nicht möchte. Die einzige Möglichkeit, Sie zu widerlegen, was ihm unterbewußt die größte Befriedigung verschafft, ist die Heilung oder Besserung!

6. Ich kann mich besser mit einer Flasche Bier vor dem Fernseher entspannen

In dieser Aussage stecken gleich mehrere Verwechslungen. Tatsächlich kann Alkohol in geringen Mengen die Muskulatur entspannen, die Stimmung heben und den Geist betäuben. Daß es sich dabei jedoch um eine ganz andere Form der Entspannung handelt als bei Yoga, liegt auf der Hand; auch dürften die Nachteile einer substanzgebundenen Entspannung auch ohne weitere Erläuterung klar sein. „Besser" bedeutet in diesem Fall jedoch nicht wirklich besser, sondern bequemer, weil man nach dem Gang zum Kühlschrank und dem Einschalten des Fernsehers nichts mehr selbst machen muß.

Der nächste Irrtum betrifft das Entspannen vor dem Fernseher. Abgesehen von wenig aufwühlenden nächtlichen Aquariums- oder Landschaftsbildern, die in der Aussage wohl kaum gemeint waren, ist das Fernsehprogramm alles andere als entspannend. Das will es auch nicht sein, da sonst die Aufmerksamkeit der Zuschauer verlorenginge. Deshalb soll das Programm *fesseln, atemlose Spannung* erzeugen, und das, was gerne als Entspannung bezeichnet wird, ist lediglich Zerstreuung und Ablenkung.

Wenn Sie, lieber Leser, ebenfalls annehmen, sich besser bei Bier und Glotze entspannen zu können, dann machen Sie doch einfach einmal ein Experiment: Verschieben Sie den Beginn Ihrer chemisch-elektronisch gesteuerten Entspannung um eine Stunde, üben Sie für diese Zeit Yoga, und vergleichen Sie dann Ihre Empfindungen vorurteilslos.

7. Wenn ich Yoga praktizieren wollte, müßte ich erst aufhören
zu rauchen, Alkohol zu trinken und Fleisch zu essen.
(Und das will ich alles nicht aufgeben!)

Um mit Yoga zu beginnen, *müssen* Sie überhaupt nichts, auch nichts aufgeben! Zwar gibt es in den alten Yogaschriften bestimmte Empfehlungen, die sich erfahrungsgemäß als sinnvoll erwiesen haben, aber das sind keine strikten Gesetze. Also lassen Sie sich davon nicht abhalten! Üben Sie ruhig Yoga und rauchen Sie, trinken Sie, nehmen Sie beliebige andere Drogen, wenn Ihnen danach ist, und essen Sie Fleisch, wenn Sie möchten. Nicht jeder Yogi ist sofort und automatisch ein Asket. Nur eines sollten Sie beachten: Nehmen Sie nichts ein, bevor Sie Ihre Yogaübungen beginnen, denn das verfälscht zu sehr die Wahrnehmung. Und bleiben Sie offen für Ihre Wahrnehmungen. Denn was Ihnen passieren könnte, ist, daß Ihnen irgendwann die Zigarette oder das Fleisch nicht mehr so schmeckt wie früher, weil sich Ihre Wahrnehmung verfeinert hat. Wenn Sie dann darauf keine Lust mehr haben sollten – gut, dann verzichten Sie darauf, sonst eben nicht. Ein erzwungener Verzicht, der zur ständigen gedanklichen Weiterbeschäftigung führt, ist kontraproduktiv. Wer sich zum Vegetarismus entschlossen hat, dessen Gedanken jedoch unablässig um das Thema Fleisch kreisen, ist mehr davon gefangen als der, der es ißt, wenn ihm danach ist, und ansonsten nicht daran denkt.

Als ich vor Jahren einen Yoga-Workshop leitete, stellte sich beim gemeinsamen Essen heraus, daß alle Teilnehmer Vegetarier waren – nur ich, ausgerechnet der Yogalehrer, war es nicht! Indem man die Voraussetzungen für ein angestrebtes Ziel besonders hoch ansetzt, kann man vermeiden, sich selbst um das Ziel bemühen zu müssen, denn es erscheint für einen selbst sowieso aussichtslos.

Der berühmte tibetische Heilige *Milarepa* wurde von seinen Zeitgenossen hoch angesehen. Milarepa fand daran weniger Freude, da die Menschen ihn zwar verehrten und so ihre Hoffnungen auf ihn projizierten, sich selbst aber kaum noch Mühe gaben, seinem Ideal nachzueifern, weil er in ihren Augen so viel weiter war als sie, daß es sowieso keinen Zweck gehabt hätte, sich anzustrengen. Um dieses Dilemma des Heiligen, der weit über dem sündigen Volk schwebt, aufzubrechen, beging Milarepa absichtlich eine in tibetischen Augen schwere Sünde: Er ging auf die Jagd und tötete ein Tier. Das Volk war entsetzt, ihr Bild des Heiligen hatte einen tiefen Kratzer erhalten, und sie begannen über Heiligkeit und ihr eigenes Verhalten nachzudenken.

8. Ich habe Angst, verrückt zu werden, wenn ich mit Yoga beginne

Dies ist der einzige Einwand, den ich – zumindest teilweise – gelten lassen kann. Wenn jemand unter einer solchen Angst leidet, dann sollte man das ernst nehmen. Vielleicht gehört er zu dem einen Prozent der Bevölkerung, die tatsächlich irgendwann in ihrem Leben einmal an einer Psychose erkranken werden, und die Angst oder Scheu vor dem Yoga ist eine Art Schutz, um sich nicht verwirrenden Eindrücken, die nicht adäquat verarbeitet werden können, auszusetzen.

Um Mißverständnissen vorzubeugen: Yoga kann keinesfalls einen psychisch Gesunden in einen Verrückten verwandeln. Es muß immer eine Anlage dazu bereits versteckt vorhanden gewesen sein, und die kann durch verschiedene, manchmal ganz banale Auslöser aktiviert werden. Auch wenn man weiß, daß eine solche Anlage vorhanden ist oder man es zumindest befürchtet, dann bedeutet es jedoch nicht, daß man um den gesamten Yoga einen großen Bogen machen müsse. Lediglich Praktiken wie Meditation oder Yoganidra, bei denen sich die Körpergrenzen subjektiv auflösen können, sollten bei einer solchen Voraussetzung (Disposition) vermieden werden. Asanas dürfen durchaus geübt werden.

Interessant ist in diesem Zusammenhang, daß die gleichen Empfindungen durch die subjektive Wertung, die sie erfahren, sehr unterschiedlich wahrgenommen werden können. So habe ich mehrere Patienten kennengelernt, die unter Mißempfindungen im Kopfbereich litten, die sie als Kopfschmerzen interpretierten. Sie beschrieben ihre Beschwerden jedoch auffallend ähnlich wie einige Yogateilnehmer in Kursen, wenn sie über die Wahrnehmung der beiden obersten Chakren *Ajna* und *Sahasrara Chakra* berichteten! Treten wir der Angst also mit Achtung entgegen.

9. Ich will kein Hindu (oder Buddhist) werden, indem ich Yoga praktiziere, weil ich gläubiger Christ (oder Atheist) bin

Patanjali, der als Begründer einer Systematik im Yoga gelten kann, war weder Hindu noch Buddhist und auch kein Moslem. Er gehörte keiner Religion an! Da der Yoga von Menschen entwickelt wurde, die in einem hinduistisch und buddhistisch geprägten gesellschaftlichen Umfeld lebten, finden sich gelegentlich Parallelen in der zugrunde liegenden Denkweise. Das bedeutet aber keineswegs, daß der Yoga irgendeiner Religion zugeschlagen werden könnte oder gar als besonders clevere Missionsstrategie gedacht wäre. Der aggressive Bekehrungsdrang unserer Kirchen der vergangenen Jahrhunderte ist dem Hinduismus und Buddhismus fremd. Jeder, der Yoga praktiziert, bleibt völlig frei in dem, was er denkt und glaubt. Also braucht selbstverständlich auch kein Christ seinen Glauben aufzugeben. Ängste dieser Art sind zumeist Ausdruck einer tief versteckten Unsicherheit und fehlenden Vertrauens in den eigenen Glauben.

Der Einwand, Yoga widerspräche als System der Selbsterlösung dem Christentum, ist ebenfalls nicht sehr überzeugend. Mit Yoga versucht der Mensch sich zu öffnen und vorzubereiten auf spirituelle Erfahrungen, er mag sogar einen kurzen Blick auf die Möglichkeiten einer Erleuchtung werfen können – aber erlöst ist er damit noch lange nicht.

Gerne wird auch das Argument ins Feld geführt, Yoga entfremde von der Welt und mache gleichgültig gegenüber der Not anderer. Diese Behauptung gründet sich in erster Linie auf der Beobachtung einiger weniger, extrem weltabgewandt lebender indischer Asketen, die jedoch mit dem Leben der in Deutschland lebenden Yogis wenig gemein haben und noch nicht einmal repräsentativ sind für die allgemeine Übungspraxis in Indien. Von solchen einzelnen Beispielen ausgehend zu verallgcmeinern würde bedeuten, daß man der katholischen Kirche die gleiche Weltflucht vorwerfen müßte, so lange es noch ein einziges Kloster gibt.

Daß Yogapraktizierende keinesfalls generell zur Weltflucht neigen, ließ sich auch im Rahmen unserer eigenen Studie anhand der psychologischen Untersuchungsergebnisse feststellen, als die Yogagruppe im Anschluß an ihre Übungen sogar extrovertierter (und somit mehr an der Außenwelt interessiert) war als die Kontrollgruppe.

10. Wenn ich nicht regelmäßig üben kann, sollte ich es besser gleich ganz sein lassen

Dieser Aussage scheint zunächst recht logisch zu sein, wenn man sie jedoch genauer betrachtet, ist sie ebenfalls nichts anderes als eine Ausrede, um das Nichtstun zu rechtfertigen. Natürlich ist es am besten, wenn man regelmäßig üben kann; der Erfolg wird sich selbstverständlich schneller einstellen. Aber wie regelmäßig kann man überhaupt üben? Darf es keine Ausnahmen geben? Darf ich keine Unternehmung mehr starten, um nicht dadurch womöglich meine Yogastunde zu verpassen? Es liegt auf der Hand, daß ein solcher Zwang jeden Spaß an der Sache vernichten wird und niemals langfristig durchgehalten werden kann. Das gilt natürlich für jede gesundheitsfördernde Technik, nicht nur für den Yoga. Damit wiederum entlarvt sich die Aussage als Falle, weil: Wenn die so eingeforderte Regelmäßigkeit gar nicht praktikabel ist, muß Yoga zwangsläufig irgendwann aufgegeben werden.

Daß die Aussage nicht korrekt sein kann, zeigt sich auch in der Tatsache, daß, wenn sie richtig wäre, eigentlich kaum irgend jemand Yoga praktizieren dürfte, denn – wie wir gerade sahen – diese eingeforderte Art von extremer Regelmäßigkeit ist praktisch unerreichbar.

Regelmäßig muß eben nicht täglich drei Stunden bedeuten. Regelmäßig üben heißt für den einen jeden Tag vielleicht eine halbe Stunde, für den nächsten fast täglich ein paar Minuten und für den dritten vielleicht eine fünfstündige Yogasitzung pro Woche am Sonntag.

11. Yoga ist nur was für Frauen

Dieser Einwand betrifft nur Männer und entpuppt sich bei näherer Betrachtung als Zeichen eines verzerrten Geschlechterbildes. Tatsache ist, daß in Deutschland immer noch etwa 3/4 aller Teilnehmer in Yogakursen Frauen sind. Folglich ist Yoga eine Methode vor allem oder nur für Frauen?

Mitnichten! In Indien, der Wiege des Yoga, ist es genau umgekehrt. Die überwiegende Mehrheit der indischen Yogis sind Männer! Sind Inder vielleicht keine „richtigen" Männer, weil sie Yoga praktizieren? Nein, unter „richtigen" Männern werden gerne Machos verstanden, und das sind die meisten Inder sogar noch in höherem Maße als westliche Männer. Es ist dort einfach Tradition, daß sich Männer mit dem Yoga beschäftigen. Das ist bei uns natürlich nicht so. Aber nur weil man(n) John Wayne zwar häufig kräftig trinken und rauchen sah, ihn jedoch nie beim Yoga beobachten konnte, bedeutet das nicht, daß der Yoga nichts für Männer sei. Daß sich Frauen im allgemeinen mehr für Yoga interessieren, liegt eher daran, daß Frauen in unserer Gesellschaft ein häufig besser entwickeltes Körperbewußtsein haben und mehr auf die Bedürfnisse des eigenen Körpers hören. Männer neigen mehr dazu, ihre Körperempfindungen mit wahrnehmungsdämpfenden Substanzen wie Alkohol und Nikotin zu unterdrücken. Vielleicht liegt der Unterschied von fünf Jahren, welche die Frauen im Schnitt länger leben, auch in diesen Zusammenhängen begründet. John Wayne starb übrigens mit etwa Mitte sechzig an Lungenkrebs.

Wenn Sie also ein Mann sind, der sich für Yoga interessiert, dann sind sie nicht ein völlig aufgeweichter Softie, sondern im Gegenteil ein hypermoderner Mann, der seiner Zeit einfach voraus ist!

Zehn gute Gründe, um mit Yoga zu beginnen

Nachdem wir die Einwände gegen die Yogapraxis ausgeräumt haben, betrachten wir zusammengefaßt noch einmal die Gründe, um zu beginnen:

1. Yoga ist ein geeignetes Verfahren, um die Streßkompetenz zu verbessern.
2. Viele positive körperliche Auswirkungen regelmäßiger Yogapraxis sind bereits wissenschaftlich nachgewiesen.
3. Die psychische Wirksamkeit läßt sich inzwischen ebenfalls durch geeignete Untersuchungen feststellen.
4. Die Yogapraxis beinhaltet eine günstige Übungskombination aus Entspannung, Dehnung, Bewegung und mentalem Training.
5. Yoga schärft die Wahrnehmung.
6. Sekundärwirkungen entstehen durch eine veränderte Wertung.
7. Yoga fördert die spirituelle Entwicklung.
8. Die Yogapraxis läßt sich recht präzise individuellen Bedürfnissen anpassen.
9. Yoga macht Spaß!
10. Yogapraktizierende sehen einfach jünger und besser aus

1. Yoga ist ein geeignetes Verfahren, um die Streßkompetenz zu verbessern

Von dieser Aussage sollten Sie, lieber Leser, wenn Sie meinen Ausführungen bisher gefolgt sind, eigentlich längst überzeugt sein. Neben den anderen Effekten übt Yoga einen direkten Einfluß auf das vegetative Nervensystem aus, welches die Streßreaktion steuert. Der Vagus-Nerv, der Gegenspieler des „Streßmotors" Sympathikus, wird nachweisbar aktiviert. Die Bewertung der Stressoren und ihre Bedeutung für das Individuum werden durch die veränderte Wahrnehmung im Yoga modifiziert, ungeeignete Bewältigungsstrategien hinterfragt.

Es gibt bislang kein weiteres Verfahren, das die Streßverarbeitung auf so unterschiedlichen Ebenen vergleichbar verbessern könnte.

2. Viele positive körperliche Auswirkungen regelmäßiger Yogapraxis sind bereits wissenschaftlich nachgewiesen

Für die Einzelheiten von den einfachen physiologischen Veränderungen bis zur Verminderung der Behandlungsbedürftigkeit und Sterblichkeit verweise ich auf das Kapitel *Ist Yoga meßbar? Physiologische Wirkungen von Yoga und Meditation.*

3. Die psychische Wirksamkeit läßt sich inzwischen ebenfalls durch geeignete Untersuchungen feststellen

Neben den psychotherapeutischen Aspekten findet sich eine sogenannte psycho-physische Entkopplung, wie sie in der Psychosomatischen Medizin bei entsprechenden Leiden angestrebt wird. Auch das haben wir im entsprechenden Kapitel über psychische Wirkungen – *Asiatische Gehirnwäsche oder die etwas andere Psychotherapie? – Psychologische Wirkungen von Yoga und Meditation* – bereits ausführlich erörtert.

4. Die Yogapraxis beinhaltet eine günstige Übungskombination aus Entspannung, Dehnung, Bewegung und mentalem Training

Der Yoga vereint die positiven Wirkungen eines reinen Entspannungsverfahrens mit denen eines Bewegungstrainings und wirkt sich auf Geist und Seele ebenfalls günstig aus. Es handelt sich somit um ein ganzheitliches Verfahren, das einen positiven Einfluß auf alle Lebensbereiche des Menschen ausüben kann, ohne daß ein ideologischer Zwang die Entscheidungsfreiheit einschränkt.

5. Yoga schärft die Wahrnehmung

Wenn Sie, lieber Leser, von Weinkennern hören, die nur anhand des Geschmacks eine bestimmte Sorte unter Hunderten erkennen können, fragen Sie sich dann nicht auch, wie so etwas möglich ist? Oder denken Sie an HiFi-Spezialisten, die nur anhand des Klanges bestimmte Lautsprechertypen erkennen können. Unglaublich, was manche Mitmenschen wahrnehmen können!

Das Geheimnis heißt: Üben, üben, üben! Inzwischen hat es sich herumgesprochen, daß man das Gehirn trainieren kann wie einen Muskel, und Gehirnjogging ist modern. Aber auch die Wahrnehmung sämtlicher Sinnesreize läßt sich trainieren, der Weinkenner und der HiFi-Freak sind nur zwei exreme Beispiele dafür. Der Yoga ist – wie es Professor *Lobo* in seinem gleichnamigen Buch einmal formulierte – ein *Sensibilitätstraining für Erwachsene*! Dabei werden der *kinästhetische Sinn* (z. B. das Spüren der Position der Gelenke zueinander) und der *Tastsinn*, zwei Sinnesqualitäten, die im heutigen Leben im Vergleich zu den Distanzsinnen Sehen und Hören völlig vernachlässigt werden, besonders trainiert. Das Körpergefühl und die Wahrnehmung der Körpergrenzen werden deutlicher. Die Aufmerksamkeit und Konzentration überhaupt auf die Wahrnehmung werden gesteigert, und damit werden alle Wahrnehmungen insgesamt deutlicher, sämtliche Sinnesreize erscheinen schärfer.

6. Sekundärwirkungen entstehen durch eine veränderte Wertung und Wahrnehmung

Auch dieses Thema haben wir bereits gestreift. Hier noch ein konkretes Beispiel:

Als der weltberühmte Geiger und Dirigent *Yehudi Menuhin* bei dem bekannten Yogameister *B. K. S. Iyengar* Yoga gelernt hatte (und zwar mit Begeisterung), wurde er von den Musikkritikern reihenweise verrissen. Was war geschehen? Yehudi Menuhin hatte neben der Musik noch ein weiteres Interesse in seinem Leben entdeckt und war nicht mehr bereit, alles ausschließlich der Musik unterzuordnen und weiterhin stundenlang nur Geige zu üben. Lieber führte er einige Asanas aus oder meditierte. Daß er dadurch (in den Augen der Kritiker) schlechter geworden war, störte ihn nicht. (Immerhin gehörte er trotz allem weiterhin zu den Weltbesten seines Fachs.)

Yehudi Menuhin ist kein Einzelfall. Es kann immer wieder beobachtet werden, daß Menschen, die sich auf den Yogapfad begeben, zu einer veränderten Wertung des Lebens und bestimmter persönlicher Ziele kommen. Yoga kann helfen, die notwendige innere Distanz zu erhalten, um das eigene Leben ruhig und klar zu sehen. Daß es dann möglicherweise zu veränderten Bewertungen kommt, liegt nahe. Also seien Sie gewarnt: Wenn Sie ein 200%iger Workaholic sind, die Arbeit Ihnen über alles geht, Sie sich die Akten gerne noch am Wochenende oder am späten Feierabend mit nach Hause nehmen, in der Nacht nur von Arbeit träumen und keinesfalls eine Änderung Ihres Lebens wünschen, dann lassen Sie besser die Finger vom Yoga. Vorsicht, es könnte Ihre Einstellung verändern. Wenn Sie sich dagegen schon länger irgendwie unwohl und unzufrieden fühlen, ohne die Ursache so recht fassen zu können, dann sollte dies ein Grund für Sie sein, um mit Yoga zu beginnen.

7. Yoga fördert die spirituelle Entwicklung

Dieser Effekt läßt sich schlecht beschreiben, man kann ihn nur erleben. Es existieren darüber allerdings auch einige Mißverständnisse. So beschrieben einige Meister recht spektakuläre Erleuchtungserlebnisse mit bunten Visionen oder Stimmen und phantastischen Körperempfindungen. Der „Alltag" der Yogapraxis ist wesentlich nüchterner, und die spirituelle Wirkung zeigt sich oft „nur" in einer scheinbar langweiligen inneren Ruhe und Klarheit, einem Gefühl, daß alles in Ordnung ist, so, wie es gerade ist.

Glauben Sie also nicht, daß Sie in der Meditation versagt haben, wenn Ihnen kein Engel erschienen ist oder die Schlangenkraft nach einem halben Jahr Yoga immer noch nicht aufsteigen will. Genießen Sie das, was Sie empfinden, ohne auf den bunten Erleuchtungstrip zu warten.

8. Die Yogapraxis läßt sich präzise individuellen Bedürfnissen anpassen

Neben dem oben bereits erwähnten breiten Spektrum angewandter Techniken verfügt der Yoga auch noch über eine weitere Form der Flexibilität: Die Art der Ausführung der Asanas läßt sich individuellen Bedürfnissen anpassen. Meistens wird im Yogaunterricht der Schwerpunkt eher auf die Entspannung gelegt, schließlich läuft bei vielen Menschen im Westen das Leben „übertourig", sie sind zu aktiv und haben ein verständliches Bedürfnis nach Beruhigung, Entspannung und Streßbewältigung. Im Gegensatz dazu gibt es einige Menschen in Deutschland und viele in Indien, die eher passiv, schlaff und kraftlos sind. Sie benötigen einen Yoga, der aktiviert, der ihnen Energie gibt. Ein Beispiel für einen Meister, der die zweite Form lehrt, ist der oben bereits erwähnte B. K. S. Iyengar. Der Yoga bietet für alle Bedürfnisse Übungsmöglichkeiten.

9. Yoga macht Spaß!

Vielleicht sollte das sogar der erste Grund sein, um ihn zu üben. Allerdings stellt sich der Spaß nicht sofort und automatisch ein, sondern nimmt mit zunehmender Erfahrung zu – wie bei vielen Tätigkeiten. Manch ein Anfänger vermag sich zunächst gar nicht vorzustellen, daß die schwierig aussehenden Dehnungen Spaß machen können, aber tatsächlich ändert sich im Laufe der Yogapraxis das Körpergefühl insgesamt, der Yogaschüler fühlt sich zunehmend mehr „zu Hause" im eigenen Körper. Dies kann direkt in jeder Yogastunde erlebt werden, genauso aber läßt es sich auch langfristig feststellen. Das körperliche Wohlgefühl, welches sich in den Asanas einstellt, nachdem die Dehnungen nicht mehr als schmerzhaft erlebt werden, wird von einigen Yoga-Anhängern sogar mit Erotik verglichen. In einer bekannten Metapher heißt es, der menschliche Körper sei der Tempel der Seele und die Yogapraxis sei wie eine heilige Messe. Ohne die mögliche religiöse Problematik vertiefen zu wollen, die ein solches Bild bei Gläubigen hervorrufen mag, ist es nur zu logisch, daß eine „Heiligung" des Körpers mit Sinnlichkeit verbunden sein muß, denn dies ist die Sprache des Körpers. Ein Körper ohne jede Form von Sinnlichkeit verliert enorm an Lebendigkeit. Wer den eigenen Körper mitsamt seinen Bedürfnissen und Empfindungen als Hindernis und Last des Geistes ansieht, muß sich die Frage stellen, warum er überhaupt einen Körper hat bzw. auf der körperlichen Ebene existent ist. Sagen Sie nicht, damit Gott den Menschen prüfe! Ein solcher Gott, der Lebewesen testet, um sie dann entsprechend zu belohnen oder zu bestrafen wie ein Verhaltensforscher, erscheint mir doch eine recht arme Figur – keineswegs einer allmächtigen und allwissenden Kraft angemessen, die die Welt erschaffen haben soll. Und somit muß auch angenommen werden, daß dem Körper und seiner *Sinn*lichkeit ein göttlicher Sinn zugrundeliegt. Die meisten Menschen spüren den eigenen Körper nur wenig: In der Sexualität – oder wenn es zu Fehlfunktionen, sprich: Schmerzen, Beschwerden oder Krankheiten kommt. Gelegentlich tritt der Sport noch als Erlebnisbereich hinzu, oft jedoch wieder als Form der Überwindung der eigenen Körperlichkeit. Der Yoga vermittelt uns die Fähigkeit, unseren Körper auch ohne Krankheit oder Sex auf angenehme Art zu fühlen. Diese Form des Vergnügens stellt sich in der Tat nicht sofort bei jedem ein, sie anzustreben lohnt sich aber zweifellos, denn immerhin handelt es sich bei Yoga vielleicht um die einzige Tätigkeit, die Spaß macht, ohne dick zu machen und die noch nicht einmal unmoralisch ist!

10. Yogapraktizierende sehen einfach jünger und besser aus

Dieses Argument müßte heutzutage, wo gutes Aussehen und Jugendlichkeit über alles gehen, eigentlich *der* Grund schlechthin sein, um Yoga zu üben. Ob regelmäßige Entspannung des Gesichts die Faltenbildung vermindert oder ob Yoga auf noch unbekannte Weise zur körperlichen Regeneration führt – keiner weiß es. Wer aber viele Yogapraktizierende kennt, der wird diese Beobachtung zweifellos bestätigen können. Natürlich nimmt der Unterschied zwischen Aussehen und formalem Alter mit den Jahren zu, da dann der

Unterschied zu den nicht-Yoga-praktizierenden Altersgenossen deutlicher wird. Rufen wir uns an dieser Stelle noch einmal die Studie aus dem Kapitel über die physiologischen Wirkungen der Meditation ins Gedächtnis, bei der die Sterblichkeit der Bewohner eines Altenheims verglichen wurde.

„Nun, ich muß zugeben, das sind beeindruckende Fakten", mag der Arzt jetzt sagen. „Dieser Hatha-Yoga scheint tatsächlich einen Versuch wert zu sein. Sie sehen aber auch, wie wertvoll eine wissenschaftlich fundierte Prüfung ist."

„Ich freue mich, daß Sie meiner "Technik" jetzt schon viel aufgeschlossener gegenüberstehen als zu Beginn", wird der Yogi antworten. „Es hat mich angenehm überrascht, daß Ihre Wissenschaft insgesamt fair war. Ich hatte befürchtet, diese Untersuchungen dienten nur dazu, Ihre Ablehnung zu begründen. Statt dessen scheinen Sie ja tatsächlich unvoreingenommen und offen zu prüfen – genauso wie wir Yogis die Körperempfindungen beobachten."

„Erstaunlich, aber wir haben wohl doch mehr gemeinsam, als ich gedacht hätte. Auch ich hatte eine wenig erfreuliche Erwartung: Ich nahm an, Sie würden mit unverständlichem Hokuspokus eine obskure Spökenkiekerei erklären wollen", setzt der Arzt fort. „Was ich nur nicht verstehe: Warum praktizieren eigentlich nicht mehr Leute eine solche Technik, wenn sie doch so viele Vorteile bietet?"

„Ja, da sprechen Sie noch ein wichtiges Thema an", erläutert der Yogi. „Sie als Arzt werden es sicher gut kennen: Viele Menschen leben nicht so, wie es am besten für sie wäre, obwohl sie den richtigen Weg kennen. Das bleibt eines der ewigen Mysterien der Menschheit."

Bleibt es wirklich ein Geheimnis, oder lassen sich die Gründe finden, die uns daran hindern können, Yoga zu praktizieren, obwohl wir vom Sinn der Praxis schon längst überzeugt sind?

Schauen wir uns fünf typische Hindernisse an.

Fünf häufige Hindernisse – und wie man sie überwindet

Fünf der häufigsten Hindernisse in der Yogapraxis sind:
1. Die Bequemlichkeit.

2. Die eigenen körperlichen Defizite werden sichtbar.
3. Am Anfang kann es zu einer „Erstverschlechterung" kommen.
4. Die Frustration, weil Erwartungen nicht erfüllt werden.
5. Der innere Zappelphilipp (Affe)

1. Die Bequemlichkeit.

Der Mensch ist von Natur aus bequem. Die Steuerung in unserem Kopf läßt uns nichts machen, für das es keinen Antrieb gäbe. Selbst scheinbar widersinnige Handlungen wie selbstzerstörende Gewohnheiten sind auf irgendeine Weise für das betreffende Individuum begründet – man muß diese Ursache nur finden.

In der prophylaktischen, also vorbeugenden Medizin spielt die Motivation für gesundheitserhaltende Maßnahmen eine sehr große Rolle. Da niemand ohne ausreichende Motivation etwas unternimmt und da wir – entgegen anderslautenden Behauptungen – zumeist gefühlsmäßig entscheiden und handeln, reicht das Wissen alleine, daß etwas gut für unsere Gesundheit sei, nicht aus. Wer also Yoga (oder irgendeine beliebige Form des Gesundheitstrainings) nur praktizieren will, weil er theoretisch weiß, daß es gut für ihn wäre, wird sicher scheitern, und die Bequemlichkeit wird ihn unweigerlich einholen. Die Bequemlichkeit läßt sich nur mit folgendem Cocktail überwinden:
– eine große Portion *Spaß* an der Sache (s. voriges Kapitel 9)
– ein Schuß *sozialer Unterstützung* (durch den Yogalehrer oder in der Gruppe)
– ein Stück *Geduld und Toleranz gegen sich selbst*
– eine kleine Prise *Regelmäßigkeit* und
– ein paar Tropfen *Disziplin* (Achtung: wenige Tropfen Disziplin zu viel verderben wie ein Übermaß von Essig in der Salatsauce sofort den Spaß und machen alles ungenießbar).

Die Rezeptur ist kompliziert; der Kampf mit der Bequemlichkeit ist wie ein Balanceakt; eigentlich darf man selbst gar nicht merken, daß es ein Kampf ist, sonst hat man schon verloren. Also: Bemühen Sie sich, aber nicht zu heftig, um nicht den inneren Rebell gegen sich aufzubringen, der dann mit allerlei körperlicher Unbill und jeder Menge kluger Einfälle, was jetzt doch Dringenderes und Schöneres gemacht werden sollte, statt Yoga zu üben, brilliert. Und wenn Sie den Kampf einmal verloren haben sollten, stürzen Sie nicht in Verzweiflung oder geben alles auf (Ihr innerer Rebell würde tanzen vor Begeisterung), sondern versuchen Sie es erneut, behutsam und geduldig, wie man einem kleinen Kind etwas Schwieriges erklärt.

2. Die eigenen körperlichen Defizite werden sichtbar

Yoga verbessert die Wahrnehmung des eigenen Körpers, das bedeutet aber auch, daß wir die Grenzen und Schwächen des eigenen Körpers deutlicher spüren. Steife und schmerzhafte Gelenke, steinhart verspannte Muskeln, ein unerwartet schwacher Rumpf, flacher Atem, die Unfähigkeit, sich komplett auf eine Sache zu konzentrieren – all dies merkt der Yogaanfänger vielleicht zum ersten Mal in seinem Leben. Kein Wunder, daß er womöglich erschüttert ist und es ihm schwer fällt zu glauben, daß er sich später einmal in seinem eigenen Körper sehr wohl fühlen soll, ausgerechnet mit Hilfe einer Methode, die ihm doch jetzt so viel Unbehagen bereitet. Die Grenzen, Schwächen und Schäden am eigenen Körper wahrzunehmen und anzunehmen ist eine enorme Herausforderung. Vor allem dann, wenn wir durch eine ungeeignete oder gar selbstzerstörerische Lebensweise die Defizite, die wir nun plötzlich in schmerzhafter Deutlichkeit spüren, selbst mitverursacht haben. Es gibt auch Menschen, die scheuen die Yogapraxis, weil sie Angst vor solchen Erfahrungen haben. Nur: Indem wir der Erfahrung ausweichen, ist nichts gewonnen; die Augen zu verschließen löst das Problem nicht. Der Tapfere stellt sich vielmehr der Herausforderung, er versucht eine klare Bestandsaufnahme dessen, was ist, ohne jegliche Beschönigung und beginnt dann daran zu arbeiten. Jeder menschliche Körper hat seine Schwächen, sogar der scheinbar perfekte Körper des Yogalehrers oder eines Athleten; also akzeptieren wir unsere eigenen Begrenzungen und versuchen wir, sie mit Beharrlichkeit und Zuneigung zum eigenen Körper mit der Zeit langsam auszugleichen.

3. Am Anfang kann es zu einer „Erstverschlechterung" kommen

Der Ausdruck Erstverschlechterung stammt aus der *Homöopathie* und bedeutet, daß die zu behandelnden Symptome vorübergehend sogar noch zunehmen, bevor das Medikament seine heilende Wirkung entfaltet. Dieses Phänomen kann auch anfangs in der Yogapraxis auftreten und hängt mit dem vorhergehenden Hindernis eng zusammen.

Mit zunehmender *Empfindsamkeit* geht anfangs auch eine höhere *Empfindlichkeit* einher; der Yogaanfänger scheint leichter Erkältungen zu bekommen, sein ganzer Körper fühlt sich schmerzhaft an, starke Sinnesreize wie laute Geräusche und grelles Licht kommen ihm unerträglich vor, und womöglich ist er sogar reizbarer als vorher. In dieser Phase ist die Versuchung, den Yoga wieder aufzugeben, verständlicherweise sehr groß, schließlich hat der Yogaanfänger den Eindruck gewinnen müssen, daß ihn seine Übungen kränker machten als zuvor. Auch negative Reaktionen der familiären Umgebung können alles noch verschlimmern, wenn sie sogar noch mit kaum verhohlener Häme vorgetragen werden, vielleicht auch, weil derjenige selbst nicht die Disziplin aufbringt, einen Übungsweg zu verfolgen. Bemerkungen wie „viel gesünder bist du durch dein Yoga ja noch nicht geworden", „seit du Yoga machst, bist du noch ungenießbarer" oder „wo bleibt denn deine Yogaruhe" können hier wie Gift wirken. Daher ist es am Anfang ratsam, nicht allen gleich zu erzählen, daß man jetzt Yoga praktiziert. Wichtig ist weiterhin, sich selbst und dem eigenen Körper mit der gleichen liebevollen Geduld zu begegnen – strapazieren wir erneut den oben gebrauchten Vergleich, weil er die Sache am besten trifft –, wie wir es bei einem kleinen Kind tun würden, dem wir etwas Neues beibringen möchten. Machen Sie sich klar, daß ungünstige Bewegungs-, Verhaltens- und Empfindungsmuster, die sich über Jahrzehnte hinweg eingeschliffen haben, nicht von einem auf den anderen Tag einfach abgelegt werden können. Nehmen Sie sich die Zeit, die Sie brauchen, und geben Sie dem Yoga eine Chance, Ihr Leben zu verändern!

4. Frustration, weil die Erwartungen nicht erfüllt werden.

Aber auch wenn Sie die oben erwähnte erste Hürde der Anfänger-schwierigkeiten überwunden haben und tatsächlich durchhalten und weiterüben, werden immer wieder Hindernisse auftauchen. Vielleicht üben Sie jetzt schon ein halbes oder sogar ein ganzes Jahr, die Asanas sind immer noch anstrengend, manche vielleicht sogar schmerzhaft. Sie sehen, wie der Yogalehrer/die Yogalehrerin strotzend vor Gesundheit und viel jünger aussehend mit strahlendem Lächeln die Beine mühelos im Lotussitz verschränkt und stundenlang mit auf-rechtem Rücken ruhig sitzt und lehrt, während Ihnen die Knie durch-zubrechen drohen, die Wirbelsäule immer wieder in sich zusammen-sackt und schmerzt, Ihre Schultern vor Verspannungen immer noch hart wie Holz sind, in den Hüftgelenken eingebohrte Nägel ziehen und Ihre Gedanken um die Probleme am Arbeitsplatz oder den Ärger mit dem Ehepartner kreisen – wenn Sie nicht von den ganzen körper-lichen Mißempfindungen erfüllt sind. Von meditativer Ruhe oder wenigstens Konzentration kann keine Rede sein, und von einer budd-hagleichen Existenz, wie sie Ihr Yogalehrer/Ihre Yogalehrerin mit jeder Faser eines perfekten Körpers auszustrahlen scheint, sind Sie Lichtjahre entfernt. Vielleicht lassen Sie innerlich die Versprechungen von Legionen von Yogabüchern Revue passieren: Innerliche Ruhe, Gesundheit, Streßfreiheit, Gewichtabnahme, zunehmende körperliche Attraktivität…; all das wurde Ihnen vom einen oder anderen verspro-chen, und jetzt hocken Sie da, alles tut weh, und sie fragen sich: Was mache ich hier bloß, was hat das denn alles für einen Sinn, das schaf-fe ich ja nie. Und wieder gelingt es Ihnen nur mit unendlicher Geduld, die Krise zu überwinden.

Vergessen Sie erst mal alle Versprechungen über die Wirkungen von Yoga, denen Sie in Büchern oder Seminaren begegnet sind. Hier wird viel übertrieben (mir ist beispielsweise kein nachweisbarer Fall phy-sischer Unsterblichkeit durch Yoga bekannt), aber vor allem wird dabei gerne hintangestellt, daß Sie erst einmal viel Geduld und Disziplin aufbringen müssen, bis Sie merken, daß sich etwas tut. Natürlich sollten Sie nicht ehrgeizig sein, das schadet bei spirituellen Wegen meist; sehen Sie den Yoga lieber als eine Art Experiment, das

Sie aus reiner Neugierde mitmachen, um zu sehen, was dabei so alles passiert. Irgendwann werden auch Sie erstaunliche Veränderungen feststellen, oder andere werden Sie darauf hinweisen, aber jetzt heißt es erst mal durchhalten, nicht aufgeben. Wenn Ihr Lehrer/Ihre Lehrerin aufrichtig ist (und das sollte ein guter Yogalehrer sein), dann wird er/sie sicherlich gerne über seinen Weg, die Hindernisse und Frustrationen erzählen. Kein Yogi ist vom Himmel gefallen, die vor Ihnen thronende Buddhagestalt ebensowenig wie Iyengar oder andere große Meister. Alle haben die Meisterschaft nur mit zwei Tricks erreicht: durch Disziplin und regelmäßiges Üben.

5. Der innere Zappelphilipp

Sie sitzen mit gekreuzten Beinen, bereit für eine Meditation; das einzige, was noch fehlt, ist, daß Ihre Gedanken langsam zur Ruhe kommen. Aber davon kann überhaupt keine Rede sein: Überall im Körper juckt es, einige Stellen tun weh und signalisieren das Bedürfnis, die Sitzhaltung zu verändern oder – noch besser – die Übung ganz abzubrechen, Sie denken an das Abendessen, an Ihren unfreundlichen Chef, überlegen, ob Sie besser mit Musik hätten meditieren sollen, ob Sie vergessen haben, den Anrufbeantworter einzuschalten, und Sie erwägen, wegen der schöneren Atmosphäre noch eine Kerze und ein Räucherstäbchen zu holen. Sie denken an dies und an das – nur an das Mantra oder den Atem, eben an das Objekt der Meditation, ausgerechnet daran denken Sie am wenigsten. Sie fragen sich, wie indische Heilige und Yogis sich so konzentrieren können, und ertappen sich selbst, wie Sie gerade schon wieder minutenlang geträumt haben. Ihr Geist kommt Ihnen vor wie Wasser, das man mit einer Gabel schöpfen möchte, oder wie ein tollwütiger Affe, der wild und irre in seinem Käfig herumspringt, anstatt sich nur einmal wenigstens für ein paar Minuten ruhig zu verhalten. Sie ärgern sich über das ständige Abschweifen, werden womöglich richtig wütend auf sich selbst, versuchen die Gedanken mit Gewalt zu unterdrücken, und daß das nicht geht, macht Sie schier rasend. Schon ist es mit der Aufmerksamkeit vorbei.

Oder Sie erleben tatsächlich einmal eine Phase der Konzentration, werden sich dessen bewußt, und in Ihrem Kopf formt sich plötzlich der wunderschöne Satz „heute meditiere ich aber gut" oder „vielleicht bin ich doch ein begabter Yogi". Kaum haben Sie diese Sätze innerlich vernommen, da schwant Ihnen bereits, daß damit die „gute Meditation" ihr Ende hat und daß Sie wieder ihrem irren Affen auf den Leim gegangen sind.

Zu Recht werden Sie jetzt wissen wollen, was da eigentlich passiert, wer dieser innerliche Zappelphilipp ist, der Sie so zum Narren hält, und warum das den „richtigen" oder „großen" Yogis nicht passiert. Ich möchte Ihnen, lieber Leser, ein Geheimnis vertrauen: Es passiert *allen* Menschen; der Unterschied besteht nur darin, wie man mit dem Problem umgeht. Der menschliche Geist hat von Natur aus die Neigung zu wandern, sich zu bewegen, neue Sinnesreize und Eindrücke zu suchen und, wenn das nicht geht, dann recycelt er bekannte Informationen, indem er sie neu kombiniert. Genauso wie bei den ruhelosen Augenbewegungen handelt es sich dabei wahrscheinlich um einen physiologischen Mechanismus (s. Kapitel *Yoga und die Evolution des Bewußtseins*), d. h. je mehr wir uns um eine Beruhigung des Geistes bemühen, desto unruhiger wird unser innerer „Zappelphilipp", den die Inder gerne mit einem Affen vergleichen, der ruhelos von Ast zu Ast springt.

Ist *citta vritti nirodha*, das Zur-Ruhe-kommen der Gedanken, also ein aussichtsloses Ziel? Nein, aber auch hier benötigen wir eine Menge Geduld und die richtige Technik. Die richtige Technik bedeutet, daß wir das Abschweifen der Gedanken selbst klar beobachten und uns selbstverständlich immer wieder um eine Rückkehr auf unser Konzentrationsobjekt bemühen wollen, sobald uns die Ablenkung bewußt geworden ist, aber entscheidend wird unsere Wertung der Erlebnisse sein. Sobald ich auf das Abschweifen emotional reagiere, egal ob mit Ärger oder Freude, dann gewinnt es gleichermaßen an Gewicht, verstärkt das Netz aus Konditionierungen und Prägungen, und es wird immer schwieriger, die Konzentration wieder herzustellen.

Das Geheimnis der Erleuchteten besteht darin, den Ablenkungen keine Bedeutung beizumessen. Nur so verlieren diese Ihre Macht, und der irr tollende Affe kann zur Ruhe kommen. Kehren Sie ohne großes Aufheben zum Objekt Ihrer Konzentration zurück, wenn Sie merken, daß Sie „geträumt" haben, aber regen Sie sich nicht darüber auf. Auch auf die Gefahr hin, Ihre Nerven zu strapazieren, muß ich hier noch einmal den Vergleich mit einem kleinen Kind heranziehen. Wenn ein solch kleines Kind „Blödsinn" macht, um die Eltern zu ärgern, dann haben Strafen oder Anschreien oft die unerwünschte entgegengesetzte Folge: Das Kind ist froh und stolz über das hohe Maß an Aufmerksamkeit, das ihm zuteil wird, und wie es die Eltern zu heftigen Reaktionen provozieren kann, und setzt seine Bemühungen bestärkt fort. Ähnlich ergeht es uns, wenn wir versuchen, gewaltsam unseren Geist zu zähmen; die Gedankensprünge werden immer verrückter, das erhoffte Bild des klaren Geistes, der wie ein spiegelglatter See ist, rückt in immer weitere Ferne. Wenn wir uns hingegen die klugen Eltern zum Vorbild nehmen, lassen wir den inneren Zappelphilipp springen, ohne ihn mit emotionaler Aufmerksamkeit zu belohnen, und führen ihn immer wieder sanft, aber bestimmt dorthin, wo wir ihn haben wollen, und wir werden sehen, daß unsere Konzentration langsam aber stetig zunehmen wird.

Nachdem wir uns sehr ausgiebig mit der wissenschaftlichen, linkshirnigen Seite der Yogapraxis auseinandergesetzt, Gründe für und wider erwogen und die Hindernisse kennengelernt haben, wollen wir auch der intuitiven, symbolisch und analog denkenden rechten Hirnhälfte noch etwas zu arbeiten geben. Betrachten wir dazu einmal die vier magischen Werkzeuge des Yogi, die uns helfen können, die Hindernisse zu überwinden.

Die vier magischen Werkzeuge des Yogi

In der abendländischen spirituellen Tradition spielen die vier Grundelemente als Symbole bestimmter Urerfahrungen und Temperamente eine große Rolle (s. Kapitel *Die acht Dimensionen eines Yoga-Asana und das Konzept der Koshas*). Nachdem wir bereits gesehen haben, daß sich ihr Einfluß auf uns in einzelnen Übungen erfahren läßt, wollen wir nunmehr die Elemente als magische Werkzeuge betrachten, die uns auf dem Weg des Yoga eine wertvolle Hilfe sein können. Natürlich können diese magischen Werkzeuge bei anderen Disziplinen oder Tätigkeiten ebenso hilfreich sein, aber dem nachzugehen sei dem interessierten Leser selbst vorbehalten.

Das Prinzip der vier Elemente und was sie repräsentieren läßt sich – ähnlich wie das duale chinesesiche *Yin/Yang* oder die jüdische *Kabbala* – über analoges Assoziieren auf nahezu alle komplexen Vorgänge übertragen. Im Tarot werden die Elemente folgenden magischen Waffen zugeordnet:

Feuer – die Stäbe

Erde – die Schilde

Luft – die Schwerter

Wasser – die Kelche.

Aber was sollen nun die magischen Waffen mit der Yogapraxis zu tun haben?

Mit magischen Waffen sind keine äußerlichen Gegenstände gemeint, sondern Charaktereigenschaften, die entwickelt werden können, um ein Ziel zu erreichen.

Die **Stäbe** (und das *Feuer*) stehen für den *Willen*, das *brennende* und *heiße* Verlangen, unser Ziel zu erreichen, nach dem wir uns *verzehren*; entweder sind wir *hell entflammt* oder zumindest *glühen* wir innerlich, wenn wir an das denken, was wir erreichen wollen.

Die **Schilde** (und die *Erde*) repräsentieren die *Geduld,* mit der wir uns *wappnen* müssen, bis unsere Unternehmung so weit *gewachsen ist*, daß sie *Früchte trägt* und wir diese schließlich *ernten* können.

Die **Schwerter** (und die *Luft*) stellen die *Vernunft* dar, mit der *Schärfe* unseres Verstandes *trennen* wir gut und schlecht, lernen richtig und falsch zu unterscheiden und *klären* unsere Situationen.

Die **Kelche** (und das *Wasser*) spiegeln unser *Mitgefühl,* wenn wir unsere Gefühle *fließen* lassen, die Liebe nur so *herausströmt.*

Alle diese magischen Waffen sollte der Yogi innerlich schmieden, um auf seinem Weg voran zu schreiten.

Ohne die *Stäbe des Willens* werden wir auf dem Weg irgendwann stehen bleiben.

Ohne die *Schilde der Geduld* werden wir einen Erfolg vorzeitig erzwingen wollen und so unseren Körper möglicherweise sogar schädigen oder bei Mißerfolg zu früh aufgeben.

Ohne das *Schwert der Vernunft* werden wir richtig und falsch nicht unterscheiden können und uns orientierungslos in abergläubischen Vorstellungen versteigen.

Ohne den *Kelch des Mitgefühls* werden wir kalt, hartherzig und egoistisch.

Wer sich bewußt ist, daß ihm eines der vier magischen Werkzeuge fehlt oder nur schwach „geschmiedet" ist, der sollte sich das entsprechende Element häufiger ins Bewußtsein rufen. Das kann in der Meditation geschehen, über gemalte Bilder oder wie auch immer. Finden Sie selbst einen Weg, der zu dem Element paßt.

Bevor wir ganz zum Schluß kommen, wollen wir noch auf einen anderen Aspekt der Yogapraxis eingehen, der für die individuelle Anpassung der Übungen noch wichtig ist: Die verschiedenen Altersstufen.

Yoga in den verschiedenen Altersstufen

So, wie die Yogapraxis individuell den körperlichen Gegebenheiten angepaßt sein sollte, müssen die Übungen auch für die verschiedenen Altersstufen adäquat sein.

Das *Kind* ist eher unruhig, kann sich nur kurz auf eine Sache konzentrieren, genießt jedoch das spielerische Erlebnis, etwas nachzumachen. Sein Körpergefühl ist unbewußt, eher instinktiv, darin jedoch – solange kein schädigender erzieherischer Einfluß ausgeübt wurde – recht sicher. Daher kann ein Kind spielerisch Asanas kennenlernen, beispielsweise dabei Tiere nachmachen. Entspannung kann für Kinder mit Traumreisen oder geeigneten Märchen geübt werden.

Jugendliche leiden häufig unter einem Mißverhältnis zwischen dem schnellen körperlichen Wachstum und der fehlenden Kontrolle über den eigenen Körper; sie fühlen sich in ihm noch nicht richtig zu Hause; neue, fremde Empfindungen irritieren sie. Weiterhin bauen sich häufig Spannungen auf, die physisch abgebaut werden sollten.

Daher sollten Jugendliche Asanas durchaus atlethisch üben (eventuell im *Iyengar*-Stil). Zusätzlich können leichte, eher beruhigende Atemübungen und einfache Meditationen praktiziert werden. Der Schwerpunkt liegt dabei jedoch klar auf den Asanas, um sich besser im eigenen Körper einzuleben.

Der *junge Erwachsene* ist auf dem Höhepunkt seiner körperlichen Leistungsfähigkeit angelangt und sollte deshalb Asanas intensiv üben, kombiniert mit komplizierteren Atemübungen. Auch längere Meditationen sind möglich.

Mittelalte Erwachsene sollten Asanas, Pranayama und Meditation etwa gleichwertig üben.

Der *ältere Mensch* wird zunehmend mit seinen körperlichen Defiziten konfrontiert; extreme Asanas können nicht mehr praktiziert oder gelernt werden. Um ein gutes Körpergefühl zu bewahren, sollte das Schwergewicht mehr auf Entspannung, Pranayama und Meditation verlagert werden.

Der *Greis* wird sich der Endlichkeit seiner körperlichen Existenz besonders bewußt und muß sich mit dem Tod auseinandersetzen. Die physischen Möglichkeiten nehmen deutlich ab, die Lebenserfahrungen müssen integriert werden und können in Altersweisheit münden. Verständlicherweise spielen Asanas gegenüber Pranayama und vor allem gegenüber der Meditation, die jetzt immer mehr im Mittelpunkt stehen sollte, nur noch eine untergeordnete Rolle.

Wenn man eine Lebensentwicklung insgesamt betrachtet, fällt auf, wie sich der Schwerpunkt von der körperlichen Ebene immer mehr in den geistigen Bereich verlagert, was interessanterweise auch den Stufen des Hatha-Yoga nach Patanjali entspricht.

Der Schmerz sitzt im Nacken – Ein Fallbeispiel

Ganz zu Beginn haben wir bereits gesehen, wie Streß krankheitsbegünstigend wirken kann. Schauen wir uns ein Fallbeispiel an, wie es sehr häufig vorkommt, und achten wir dabei auf die verschiedenen Ebenen der Störung und der möglichen Behandlungsansätze.

Frau P. (38) ist Chefsekretärin. Sie arbeitet viel am Computer, häufig unter Zeitdruck, Überstunden gehören zu ihrem Alltag. Sie muß den Chef aufmuntern, wenn er schlechter Laune ist, sie hat unerwünschte Anrufe abzuwimmeln und muß immer höflich und verbindlich bleiben, auch wenn ihr eher danach wäre wegzulaufen. Daß sie Verspannungen im Bereich der Schulter-Nacken-Region hat, spürt sie häufig.

Eines Tages bemerkt sie einen dumpfen Kopfschmerz, der sich vom Hinterkopf über den Scheitel und die Schläfen nach vorne zieht. Sie fühlt einen Druck auf den Augen, von innen, als wolle etwas ihre Augäpfel aus den Höhlen drücken. Als die Beschwerden tagelang anhalten, geht sie zum Arzt.

Ihr Hausarzt verschreibt ihr – vorausgesetzt, er kann es, ohne sein erlaubtes Verschreibungsbudget zu überschreiten – ein halbes Dutzend Massagen. Vorübergehend geht es ihr besser, vielleicht sogar für einige Wochen. Dann wieder die gleichen Beschwerden. Der Hausarzt überweist sie zum Neurologen oder Orthopäden. Der Facharzt macht ein Röntgenbild: Die Halswirbelsäule zeigt nicht die normale Krümmung (*„physiologische Lordose"*), sondern ist auffällig gerade (*„Streckfehlhaltung"*). Die Bandscheiben scheinen in Ordnung. Was hat Frau P.?

Bei Frau P. liegt eine *Migraine cervikale* vor, also eine Kopfschmerzform, die von der Halswirbelsäule kommt.

Der Neurologe verordnet Frau P. ein Rheumamittel und eventuell ein Medikament, das die Muskelspannung mindern soll.

Der Orthopäde spritzt ein Schmerzmittel in die betroffene Muskulatur. Beides schafft wieder eine vorübergehende Linderung.

Manchmal setzen Orthopäden oder Heilpraktiker *chiropraktische Techniken* ein. Diese manuelle Therapie ist nicht ungefährlich. Es liegt auf der Hand, daß heftige und ruckartige Bewegungen die empfindlichen Nerven an der Halswirbelsäule, die sowieso recht eng an Wirbelknochen und Bandscheiben entlangziehen, leicht schädigen können. Je öfter ein solches sogenanntes „Einrenken" vorgenommen wird, desto höher das Risiko. Zumal man sich fragen muß, wo der Sinn eines „Einrenkens" liegen soll, wenn es immer nur kurzzeitigen Erfolg zeigt, aber keine grundsätzliche Besserung bringt.

Aber was kann Frau P. noch gegen ihre Beschwerden machen? Würde ihr Yoga helfen können? Bevor wir auf diese Fragen eingehen, wollen wir die verschiedenen Ebenen der ungefährlichen, aber sehr unangenehmen Erkrankung betrachten:

Grobstofflich gesehen führt ein chronischer Reizzustand der obersten Nerven, die aus dem Rückenmark der Halswirbelsäule austreten, zu einer Verspannung der Nackenmuskulatur am Hinterkopf und der Fehlhaltung insgesamt. Die gereizten Nerven versorgen Teile des Kopfes und verursachen so die Projektion der Schmerzen bis in die Augen. Durch die Verspannung wird der Druck auf die Nerven noch stärker – ein verhängnisvoller Teufelskreis beginnt.

In der *psychologisch-körpertherapeutischen* Betrachtungsweise ist bekannt, daß in der Schulter-Nackenregion vor allem bei Leistungs- und Versagensängsten Verspannungen auftreten. Diese sollen dadurch zustande kommen, daß bei Bedrohung der Mensch sich instinktiv zu ducken versucht, als wolle er einem Angriff oder einer anderen Bedrohung ausweichen. Da aber weder dies noch eine Flucht vor dem schimpfenden Chef möglich ist, bleibt die Anspannung im Nacken erhalten, und damit trotz des Impulses die Ausführung der Bewegung verhindert werden kann, wird auch der Gegenspieler in der Nackenmuskulatur angespannt. Im Rahmen einer Körpertherapie mit Behandlung dieses Bereiches werden die Verspannungen aufgelöst und der Patient wieder mit den „gespeicherten" Gefühlen konfrontiert. Wenn er sie durchsteht und integrieren kann, sind neue Handlungsmuster möglich.

Auf der *feinstofflichen* Ebene des Energiekörpers mit dem Konzept der Chakren (dem wir bereits im Kapitel über das Herz begegnet sind) liegt hier eine Blockade des Energieflusses zwischen *Vishudda Chakra*, dem Kehlkopfchakra, und *Ajna Chakra*, dem dritten Auge, vor. *Vishudda Chakra* steht für Ausdruck und Kommunikation mit anderen, Ajna Chakra ist das Zentrum der höheren geistigen Funktionen, die uns von anderen Lebewesen unterscheiden. Ist nun der Energiefluß gestört, weil das untere Zentrum seine Funktion nicht entfalten kann (die Angst vor Versagen kann oder darf nicht entsprechend ausgedrückt werden), kommt es zu den Beschwerden, die sich interessanterweise in Richtung des nächsten Chakras projizieren. Ziel müßte also hier sein, die *Nadis,* die Energiebahnen, mit entsprechenden Übungen wieder durchlässiger zu machen.

Der Blickwinkel der **Symbolik** ist ebenfalls lohnenswert. Achten wir auf den Klang der Worte: Frau P. ist *halsstarrig*, hat einen *steifen Hals*, will *den Kopf aus der Schlinge ziehen*, um nicht *ihr Genick zu brechen*. Vielleicht *steht ihr das Wasser bis zum Hals, die Angst sitzt im Nacken* in ihrer *halsbrecherischen* Situation. Sofort fällt auf, daß es immer um das Thema Bedrohung geht.

Versuchen Sie sich einmal an das Kapitel über die „Acht Wahrnehmungsdimensionen" zu erinnern, und überlegen Sie selbst, wie mit regelmäßiger Yogapraxis die verschiedenen Ebenen beeinflußt werden können. Notieren Sie sich Ihre Gedanken, und vergleichen Sie sie dann mit meinen Ausführungen.

Kehren wir zu den beiden Fragen zurück, was Frau P. gegen ihre Beschwerden tun kann und wie ihr Yoga vielleicht helfen könnte.

Als erstes sollte Frau P. die *äußeren Umstände* überprüfen und gegebenenfalls ändern: Der Arbeitsplatz sollte auf seine *ergonomische Eignung* getestet werden und entsprechende Abhilfe geschaffen werden (Sitzplatzart und -höhe, Handhaltung an der Tastatur u.ä.). Auch auf Bett und Matratze sollte ein kritischer Blick geworfen werden, um während der Schlafphase eine Entlastung der Halswirbelsäule zu schaffen. Die Anschaffung eines sogenannten orthopädischen Kissens bringt übrigens erfahrungsgemäß sehr viel weniger, als man erwartet.

Auf der *grobstofflichen* Ebene kann sie durch *Yoganidra* und andere Entspannungsübungen das Anspannungsniveau der Muskeln insgesamt senken. Mit geeigneten *Asanas* kann sie ihre verkürzten und verspannten Nackenmuskeln immer weiter dehnen und so die gereizten Nerven entlasten.

Achtung: Bestimmte Übungen dürfen in dieser Phase jedoch keinesfalls ausgeführt werden. Tabu sollten zunächst jegliche Rückwärtsdehnungen des Kopfes und der Halswirbelsäule sein. Das gilt insbesondere für *Matsyasana* (Fischhaltung), weil hier zusätzlich noch eine mechanische Belastung auf den Nacken drückt.

Vielleicht verspürt sie bei der Ausführung von Übungen, die die Spannung im Nacken senken, Angst zu versagen oder die angestreb-

114

ten Ziele nicht schaffen zu können. Ein offensichtlich *körperthera-peutischer* Effekt. Gelingt es Frau P. nun, diese Gefühle zu beobach-ten, ohne mit dem alten Verhaltensmuster (Anspannung im Nacken) zu reagieren, so verlieren diese negativen Gefühle an Macht.

Feinstofflich kann Frau P. versuchen, ihre Energiekanäle mit *Asanas* zu öffnen und mit *Pranayama* (Energielenkung) vermehrt Kraft dort-hin zu lenken. Empfehlenswert ist hier beispielsweise *nadi sodhana* (Nasenwechselatmung), die ausgleichend wirkt. Sie sei hier als Übung eingefügt.

Übung 6: **Nadhi Sodhana**, *die Nasenwechselatmung*

Setzen Sie sich in eine aufrechte Position in Fersen-, Schneider- oder Lotussitz. Der Rücken sollte gerade, aber entspannt sein, um Bauch und Brustkorb eine maximale Bewegungsfreiheit zu gewähren. Die Schultern sind entspannt, der Kopf aufgerichtet. Nun beugen Sie Zeige- und Mittelfinger der rechten Hand, Ring- und kleiner Finger bleiben gestreckt, der Daumen ebenfalls. Indem Sie den Daumen auf den rechten Nasenflügel legen, verschließen Sie dieses Nasenloch, mit dem Ringfinger können Sie das linke Nasenloch verschließen. Atmen Sie nun durch das rechte Nasenloch aus, verschließen dabei das linke. Dann atmen Sie rechts ein, lassen das linke Nasenloch also verschlossen. Sie wechseln die Seite, atmen links aus und ein, und erneuter Wechsel der Seite. Die Atemzüge erfolgen in der vollen Yogaatmung, d. h. die Einatmung beginnt im Bauch, dehnt sich aus über den Brustkorb bis zu den Schlüsselbeinen. Versuchen Sie, so langsam wie möglich zu atmen, jedoch ohne daß Sie in Atemnot kommen.

Manche Yogalehrer empfehlen, die Ausatmung doppelt so lange wie die Einatmung werden zu lassen. Sie sollten ausprobieren, ob sich das besser anfühlt, als gleich lange Phasen einzuhalten.

Wenn Sie spontan das Bedürfnis verspüren, nach der Ein- und/oder der Ausatmung einen Moment der Atemruhe entstehen zu lassen, dann tun Sie es, sonst bleiben Sie bei einem ununterbrochenen, gleichmäßigen Atemfluß. Achten Sie darauf, den rechten Ellenbogen recht nah am Brustkorb zu halten und den Arm möglichst gut zu entspannen, um ihn nicht vorschnell übermüden zu lassen.

Wenn Sie die Übung technisch beherrschen, dann stellen Sie sich vor, mit der Ausatmung Anspannungen und Mißempfindungen abzugeben, vielleicht als Bild von Rauch in einer unangenehmen Farbe. Einatmend stellen Sie sich vor, frische Energie aufzunehmen, vielleicht als klare Luft oder in einer schönen, symbolischen Farbe. Beobachten Sie während der Übung alle Empfindungen im ganzen Körper.

Über die *Symbolik* ihrer Beschwerden kann Frau P. meditieren, sich ihre Situation bildhaft vorstellen und mögliche Lösungen genauso in Bildern sehen.

An weiteren sogenannten alternativen Heilverfahren werden *Reiki* (feinstoffliche Energieheilung durch Handauflegen), *Fußreflexzonenmassage* u. a. angewandt. Dazu ist anzumerken, daß hier keinerlei gesicherte Erkenntnisse über die Wirksamkeit vorliegen; jedoch sollte hier das einzig entscheidende Kriterium grundsätzlich die subjektive Linderung sein.

Na schön, werden Sie, lieber Leser vielleicht denken, das hört sich ja alles ganz einleuchtend an. Aber wie können die theoretischen Überlegungen über Streß und Verspannungen im Nacken praktisch umgesetzt werden? Eine gute Frage. Deshalb jetzt noch eine Übung.

Übung 7: *Parvatasana, der Berg*

Setzen Sie sich in Vajrasana, dem Fersensitz, auf den Boden. (Wer lieber im Lotussitz sitzt und diesen auch ohne Probleme längere Zeit einnehmen kann, darf die Übung natürlich auch in *Padmasana* ausführen.)

Das Becken ist aufgerichtet, ebenso die Wirbelsäule.

Ausatmend lassen Sie im Becken, den Hüftgelenken und den Beinen los; mit jedem Atemzug mehr entspannen.

Mit der Einatmung richten Sie die Wirbelsäule immer weiter auf, als würde der Scheitel zur Decke gezogen.

Dann geben Sie ausatmend in den Schultern nach, lassen sie von ihrem eigenen Gewicht sinken.

Wieder einatmend dehnen Sie noch einmal den Scheitel weit nach oben. Der Kopf wird dabei minimal nach vorne geneigt, um den Nacken noch länger werden zu lassen.

Mit der Ausatmung lassen Sie noch einmal die Schultern sich entspannen, und spüren Sie die Arme und Hände.

Einatmend heben Sie langsam Ihre gestreckten Arme bis über den Kopf, legen die Handflächen aneinander, strecken die Zeigefinger zusammen und verschränken die Finger 3–5.

Ausatmend wieder in den Schultern nachgeben, ohne im Streben der Arme nach oben nachzulassen.

Mit der Einatmung Scheitel und Arme bis in die Zeigefingerspitzen nach oben wachsen lassen.

Jetzt lassen Sie mit der Ausatmung den Kopf etwas nach vorne sinken.

Einatmend in dieser Position noch einmal die Arme nach oben streben lassen.

Ausatmend lassen Sie langsam die Arme wieder nach unten sinken.

Einatmend den Kopf wieder langsam anheben und noch einmal den Scheitel nach oben streben lassen.

Stellen Sie sich die Halswirbelsäule vor, die einzelnen Wirbel mit den Bandscheiben wie Hartgummischeiben, die Muskeln und Bänder. Konzentrieren Sie sich auf die Nacken- und Schultermuskeln und lassen Sie zu, daß sie sich mit der Ausatmung noch mehr entspannen. Erlauben Sie Ihren Muskeln, sich zu entspannen und nachzugeben. Lassen Sie dann ganz langsam, wie in Zeitlupe, Wirbel für Wirbel von oben nach unten den Kopf nach vorne sinken, dabei immer mehr in den Nacken- und Schultermuskeln nachgeben und ausatmend entspannen.

Wenn Sie bei guter Entspannung die maximale Dehnung des Nackens durch das Eigengewicht des Kopfes erreicht haben, konzentrieren Sie sich noch einmal auf Ihre Arme. Heben Sie diese einatmend noch einmal an, wieder bis zur Streckung zur Decke.

Mit der Ausatmung winkeln Sie die Arme an und verschränken die Hände im Nacken.

Greifen Sie einatmend mit den Daumenballen den Knochenvorsprung hinter den Ohren.

Lassen Sie ausatmend die Arme los, so daß sie mit Ihrem Eigengewicht die Dehnung verstärken. Keinesfalls ziehen, nur das Gewicht der Arme zieht.

In dieser Position verharren Sie einige tiefe Atemzüge, und beobachten Sie die Empfindungen in Schulter und Nacken.

Um die Haltung aufzulösen, entspannen Sie ausatmend die Arme, und lassen Sie sie nach unten sinken. Dann richten Sie einatmend wieder den Kopf auf.

Jetzt stellen Sie sich die Wirbelsäule als einen Schlauch oder eine Röhre vor, ganz durchlässig. Stellen Sie sich einatmend ein hellblaues Licht vor, das sich am Nabel sammelt –

und lassen Sie ausatmend das hellblaue Licht durch die Wirbelsäule aufsteigen, durch den Hals, bis zum Punkt zwischen den Augenbrauen. Lassen Sie einatmend nun das Licht am Punkt zwischen den Augenbrauen einströmen, weiterfließend durch die Wirbelsäule bis zum Nabel. Sie können das Licht oder die Energie im Rhythmus der Atmung regelrecht pendeln lassen. Vielleicht tauchen dabei spontan weitere Empfindungen auf wie ein Pulsieren, Weitwerden oder Wärme.

Beobachten Sie diese Empfindungen.

Achten Sie zuletzt auch auf Ihre Gedanken, was geht Ihnen durch den Kopf, wenn Sie sich auf den Nacken und die Schultern konzentrieren?

Hat das Nachgeben im Nacken für Sie vielleicht auch eine Bedeutung als Geste der Demut?

Fühlen Sie sich dabei wohl, oder finden Sie die Erfahrung eher unangenehm?

Sollten Sie die Übung mehrfach durchführen, dann achten Sie wieder auf die unterschiedlichen Ebenen, auf der sie sich abspielt. Dieses Wahrnehmen unterschiedlicher Ebenen ist – wie wir schon gesehen haben – der wichtigste Unterschied zwischen Yoga und anderen Bewegungsformen.

Der indische Hatha-Yoga ist eine alte, jedoch zugleich hochaktuelle Technik, ein Angebot, mehr noch eine Einladung, sich und den eigenen Körper zu entdecken. Wie weit wir uns darauf einlassen, ob wir den Yoga als reines Entspannungsverfahren nutzen oder uns erlauben, den ganzen Weg zu gehen, um uns auf allen Ebenen einschließlich unserer Spiritualität zu entwickeln, bleibt immer eine individuelle Entscheidung. Und wenn Sie weiterhin unschlüssig sind, dann bleibt Ihnen immer noch der Standpunkt eines natürlich-neugierigen Menschen, wie eines Naturwissenschaftlers, der im Zweifelsfall einfach einen Versuch, ein Experiment durchführt, um zu neuen Erkenntnissen zu gelangen. Yoga ist ein äußerst interessanter Versuch, ein Experiment, um das Erleben als Mensch zu erweitern. Bekanntlich geht Probieren über Studieren, und somit seien Sie hiermit herzlich eingeladen, Yoga zu „probieren!"

Wir sind jetzt fast am Ende unserer Ausführungen und wollen in einem hypothetischen Exkurs im Anhang betrachten, welchen Einfluß Yoga auf die Evolution des Bewußtseins haben könnte.

6. Kapitel

Yoga und die Evolution des Bewußtseins

Bei der Betrachtung der Entwicklung der Tiere von einfachen Zellstrukturen bis hin zu höheren Lebewesen mit hochkomplizierten Nervensystemen, wie wir es selbst sind, fällt auf, daß mit zunehmend komplexeren Steuervorgängen die Flexibilität und Anpassungsfähigkeit der Lebewesen zunimmt. Wo ein Einzeller nur mit einem simplen chemischen Prozeß auf Einflüsse seiner Umgebung reagieren kann, hat ein Säugetier schon erheblich mehr Möglichkeiten. Nicht mehr auf die molekulare Ebene beschränkt, ist es in der Lage, seinen Standort zu verlassen, um sich eine andere, für seine Bedürfnisse geeignetere Umwelt zu suchen. Es strebt nach einer Umgebung, die ein harmonisches Gleichgewicht seiner Physiologie, die sogenannte Homöostase, ermöglicht. Neben einfachen chemischen Zuständen müssen auch komplex gestaltete Triebe wie Fressen und Fortpflanzen befriedigt werden. Auf dieser Ebene ist das Tier inneren Zwängen ausgeliefert, denen es kaum je entkommen kann.

Beim Menschen hat sich mit dem bewußten Denkvermögen eine weitere Ebene erschlossen, die sich in ihrer Qualität von den vorausgegangenen grundlegend unterscheidet. Die neue Fähigkeit hilft gleichermaßen, den Zwängen des Triebes zumindest zeitweise zu entfliehen, diese Impulse zu unterdrücken oder zurückzustellen, und dient gleichzeitig später der geplanten Erfüllung. Hoimar von Ditfurth vertrat in seinem bekannten Buch *„Der Geist fiel nicht vom Himmel"* die Meinung, die Weiterentwicklung der Tiere in der Evolution bestünde in einer zunehmenden Flexibilität im Verhalten und damit auch einer zunehmenden Unabhängigkeit von den momentanen Umweltbedingungen. Denkt man, vom heutigen Menschen aus gesehen, die Entwicklung weiter, so wäre anzunehmen, daß unsere „Nachfolger" in der Evolution mit ihrem Großhirn, dem Teil des Nervensystems, der uns von unseren tierischen Verwandten unterscheidet und Grundvoraussetzung für die zunehmende Flexibilität ist, noch genauer in der Lage sein müßten, innere Vorgänge in physiologischen wie auch psychologischen Bereichen noch bewußter steuern und beeinflussen zu können, als wir es bislang vermögen. Das Zwischenhirn mit seiner Steuerung von Selbsterhaltung und Fortpflanzung würde an Bedeutung verlieren, die Fähigkeit, Triebe vorübergehend bewußt zu unterdrücken oder zu sublimieren, sollte zunehmen. Selbst das Stammhirn würde seine Macht über die lebenserhaltenden Basalfunktionen wie Herzschlag, Atmung u. a. mehr und mehr verlieren, vegetative Reaktionen könnten von diesen unseren möglichen Abkömmlingen immer besser willkürlich kontrolliert werden.

Nun mag eine solche Vorstellung nicht jedermanns Sache sein. Manch einen wird die Aussicht auf eine noch „verkopftere" Zukunft eher erschrecken, und er wünscht sich lieber ein romantischeres, wildes Leben als ungesteuerten, urtümlichen Existenzkampf im immerwährendem Grün eines Urwaldes. Aber das ist nicht der Weg der Evolution; dieser führt nun einmal weg von den Höhlen der Urmenschen und hin zu immer mehr Großhirn, Geist und Bewußtsein.

Warum ein so komplizierter, womöglich langweiliger Exkurs über Evolutionsbiologie in einem Buch über Yoga und Streßverarbeitung, wird sicher mancher Leser spätestens jetzt fragen. Was hat das mit Yoga zu tun?

Ich hoffe, daß im folgenden der Zusammenhang recht bald klar wird. Wir wissen inzwischen einiges über die Streßreaktion (übrigens ein wahrer „Oldtimer" in der Evolution), über die Streßverarbeitung und über physiologische Wirkungen von Yogaübungen. Jetzt wollen wir uns einmal ansehen, auf welche Weise im Yoga versucht wird, Einfluß auf den gesamten Menschen sowohl auf psychischer als auch auf physiologischer Ebene auszuüben. Betrachten wir zu diesem Zweck einige Techniken etwas genauer:

Yama – zu den moralischen Geboten auf dem Yogaweg nach Patanjali gehören: Nicht-Töten, Nicht-Lügen, Nicht-Stehlen, Nicht-Begehren und Nicht-Annehmen. Ganz offensichtlich beziehen sich diese Gebote – außer dem Nicht-Lügen, weil es ohne Sprache natürlich sowieso keine Möglichkeit zum Lügen gibt – auf Funktionen des Zwischenhirns, über die unsere tierischen Verwandten genau so verfügen wie wir selbst. Ein normales Säugetier kann selbstverständlich nicht frei entscheiden, ob es tötet, stiehlt oder begehrt, es folgt einfachen Triebimpulsen, um das eigene Überleben oder das der Gattung sicherzustellen. Wir Menschen können uns je nach Situation frei entscheiden, ob wir in einem bestimmten Augenblick einem Drang oder Trieb nachgeben wollen oder nicht.

Der Yoga geht noch darüber hinaus und entreißt uns scheinbar wieder diese neu erworbene Freiheit: Wir sollen *grundsätzlich* auf alle Handlungsmöglichkeiten verzichten, die anderen Lebewesen Schaden zufügen könnten. Wer bereit ist, einem solchen Weg zu folgen, ist prinzipiell gefordert, alternative Verhaltensmöglichkeiten zu finden. Das bedeutet eine weitere Entfernung von den immer noch in uns arbeitenden Zwischenhirnprogrammen, für die das Überleben der Art und des Individuums grundsätzlich Priorität gegenüber allen anderen Einflüssen hat. Das Verhalten wird also noch stärker von unserem Großhirn gesteuert – eine Tendenz, die, ebenfalls nach Auffassung des Wissenschaftlers von Dithfurth, wahrscheinlich in der Evolution unserer Spezies weiter zunehmen wird. Natürlich gilt diese Einordnung moralischer Leitmaßstäbe in eine künftige evolutionäre Entwicklung prinzipiell für alle hochentwickelten religiös-spirituellen und philosophisch-ethischen Modelle mit vergleichbaren Handlungsmaßstäben wie Christentum, Buddhismus u. v. m. Auf einen kleinen Unterschied zwischen Yoga-Yamas und christlichen Geboten sei hier jedoch kurz verwiesen: Im Christentum beziehen sich die freiwilligen Einschränkungen der Verhaltensmuster auf den Umgang mit anderen *Menschen*, das Schädigen anderer Mitlebewesen wie der Tiere ist erlaubt, wenn es dem menschlichen Zwecke dient (z. B. wenn das Tier verspeist werden soll). Es gilt der Grundsatz: „Ihr sollt Euch die Erde untertan machen". Der Yoga (und der in mancher Hinsicht ähnliche Buddhismus) lehnt selbst diese archaisch durchaus noch begründbare Verletzung anderer Lebewesen grundsätzlich ab.

Aber der moralische Anspruch ist noch lange nicht der einzige Ansatz, wie im Yoga die alten und scheinbar „natürlichen" Grenzen überschritten werden. Sehen wir uns einige der im Westen weniger beliebten Reinigungstechniken an, die *Kriyas* oder *Sat-Karmas*:

Bei *Jala-neti* gießt der Yogi mit Kochsalz versetztes lauwarmes Wasser (1 Teelöffel Salz auf 1/2 Liter, was etwa der Salzkonzentration der Körperflüssigkeiten entspricht) mit einer kleinen Kanne in ein

Nasenloch und hält den Kopf dabei schräg und leicht nach vorne geneigt, so daß das Wasser zum anderen Nasenloch wieder hinausläuft. (Wer diese Nasenreinigung ausprobieren möchte, sollte unbedingt nach der Spülung beider Nasenlöcher *Kapalabhati* ausführen und dabei den Kopf in verschiedene Richtungen neigen, damit das Restwasser abfließen kann und die Nasennebenhöhlen wieder getrocknet werden.)

Sutra-neti besteht in einer weiteren Nasenreinigung, die mit einer Schnur, deren vorderes Drittel mit Wachs versteift ist oder – in der moderneren Form – mit einem dünnen Gummikatheter durchgeführt wird. Die Schnur wird dabei in ein Nasenloch geschoben, bis sie in den Rachen hängt und durch den Mund gegriffen und herausgezogen werden kann. Obwohl ich sicher bin, daß manch ein Leser sich bereits bei dieser kurzen Beschreibung der Technik schüttelt, möchte ich darauf hinweisen, daß man diese Reinigung keinesfalls ohne entsprechende Anleitung ausprobieren sollte.

Als drittes Beispiel möchte ich *Kunjala* anführen: Auf nüchternen Magen trinkt der Yogi soviel warmes salzhaltiges Wasser wie möglich, um es entweder sofort oder nach Ausführung von *Nauli*, einer wellenförmigen Anspannung der geraden Bauchmuskeln, wieder zu erbrechen.

Im üblichen deutschen Yogaunterricht spielen diese Reinigungstechniken nur selten eine Rolle, zu sehr scheinen sie unseren Vorstellungen von Ästhetik und körperlichem Wohlgefühl zu widersprechen. Daß dies nicht unbedingt so sein muß, sei hier nur am Rande bemerkt. Aber was passiert eigentlich wirklich bei diesen Übungen?

Als ich selbst vor Jahren diese (und weitere) Techniken des *Sat-Karma* ausprobierte und mit den gleichen Aversionen zu kämpfen hatte, die vielleicht mancher Leser bereits bei der Beschreibung verspürt, wollte mir die „Reinigung" als Begründung für diese Praktiken nicht recht einleuchten. Am ehesten paßt dies noch zu *Jala-neti*, der „Nasendusche", die immerhin auch gelegentlich im Westen praktiziert wird. Aber den Nasenschleim mit einer Kordel „abkratzen"? Oder den Magen mit Salzwasser spülen?

Wofür diese Methoden wirklich gut sind, können wir erkennen, wenn wir genau beobachten, was dabei im Körper passiert. Bei *Sutra-*

neti (und schwächer ausgeprägt bei *Jala-neti*) kann jeder Anfänger heftigste Abwehrreaktionen im Bereich des fünften Hirnnerven (*Trigeminus*) feststellen: Nies- und Hustenreiz, der Impuls zu schlucken, heftigster Tränen- und Nasenfluß. Das vegetative Nervensystem schaltet auf Hochtouren! Ähnlich bei *Kunjal*, auch *Vamana-dhauti* genannt: Das Erbrechen ist eine sehr starke Reaktion des *Vagusnervs*, den wir bereits von unseren Betrachtungen der Streßreaktion her kennen. Normalerweise kommt es nur bei „Notsituationen" des Körpers wie Vergiftungen, Preßdruck auf das Gehirn oder extremen Reizungen des Gleichgewichtorganes zum Erbrechen. Durch die Praxis von *Kunjal* und *Vastra-dhauti* läßt sich sogar dieser – normalerweise völlig der willentlichen Kontrolle entzogene – Reflex beeinflussen und beherrschen.

Bei *Vastra-dhauti* handelt es sich ebenfalls um eine Reinigungstechnik, die in unseren Breiten bereits aufgrund ihrer Beschreibung zumeist Unverständnis und Entsetzen auslöst: In der Hocke kauernd, schiebt sich der Yogi ein Ende eines bis zu 7 Meter langen nassen Baumwolltuchs in den Rachen und schluckt es Stück für Stück hinunter, bis nur noch der Zipfel zum Zurückziehen übrig bleibt. Als ich diese Technik kennenlernte, fragte ich mich, wie sicher viele Leser auch, wofür diese Tortur? In dem Ashram, wo dieses Kriya selbstverständlich zur Morgentoilette gehörte, behauptete der Yogalehrer, speziell diese Reinigungstechnik entfalte bei Asthma ausgezeichnete Heilwirkungen. Das erschien mir damals zunächst noch merkwürdiger, zumal er mir keinen plausiblen Grund für diese angebliche Heilwirkung nennen konnte. Dies ändert sich jedoch, wenn wir an das Prinzip der vegetativen Kontrolle im Yoga denken: Wie wir im Kapitel über die Wirkungen des vegetativen Nervensystems gelernt haben, führt eine Vagus-Aktivierung unter anderem zu einer Verengung der Bronchien – was beim Asthma in bedrohlichem Maße passiert. Das Erlernen von *Vastra-Dhauti* wiederum führt zu einer außergewöhnlichen Kontrolle über jenen Vagus; der Nerv wird trainiert, auch extreme Reize zu tolerieren, ohne mit den üblichen Reflexen, in diesem Fall dem Erbrechen, zu reagieren. Möglicherweise kommt es dadurch zu einer Art Desensibilisierung, und der Vagusnerv reagiert an anderen Organen – wie den Bronchien – ebenfalls weniger heftig als zuvor.

Das gleiche Prinzip bei den *netis*: Der Yogi lernt seine körperlichen Reflexe willkürlich zu kontrollicrcn und geht damit weit über das hinaus, was an physischem Training üblicherweise erreichbar ist. Selbst vegetative Funktionen werden so zunehmend vom Großhirn selbst gesteuert und beherrscht, so wie es Hoimar von Ditfurth für unsere weitere Evolution voraussagte.

Hat man diesen Grundsatz erst verstanden, dann erscheinen eine ganze Reihe von Yogatechniken und die Anleitungen für ihre Durchführung in einem ganz anderen Licht. Das längere unbewegliche Verharren in einer bestimmten körperlichen Haltung mit gedehnter Muskulatur ist zunächst einmal ebenfalls nicht unbedingt „natürlich." Üblicherweise reagieren Muskeln auf Dehnungsreize mit einer Kontraktion, wie beispielsweise beim unwillkürlichen „Tritt", wenn der Arzt mit dem Reflexhammer auf die Sehne unterhalb des Knies geklopft hat. Durch bewußte Steuerung und Konzentration gelingt es dem Yogi, in dem Asana trotz Dehnung die Muskeln zu entspannen. Obwohl das eigentlich auch nicht „normal" ist, hilft es uns – neben den an anderer Stelle erläuterten physiologischen Wirkungen –, auch den Bewegungsapparat mit Muskeln, Sehnen, Bändern und Knochen unter eine anders nicht erreichbare Kontrolle zu bringen.

Weitere Beispiele für die Ausweitung der willentlichen Beeinflussung ursprünglich vegetativer Funktionen finden sich beim *Pranayama*, der Regulierung des Energieflusses im Körper durch Atemübungen. Einige der *Pranayamas* beinhalten neben der Ein- und Ausatmung *Kumbhaka,* eine Phase der Atemruhe bzw. des Atemanhaltens. Mit dieser Verlangsamung und Unterbrechung des spontanen Atemflusses übt der Yogi ebenfalls einen starken Einfluß auf vegetative Funktionen bis hin zur Herzaktivität, deren Pulsfrequenz an den Atemrhythmus gekoppelt ist, aus – kein Wunder, daß viele Yogalehrer nicht müde werden, vor autodidaktischem Üben ohne qualifizierte Anleitung zu warnen. Aber abgesehen von diesen Gefahren, bleiben die meisten *Pranayamas* sehr wirkungsvolle Techniken, die uns eine bewußtere Kontrolle über weitere Körpervorgänge erlauben.

Interessant ist auch ein genauerer Blick auf *Tratak,* eine Yogaübung, die zumeist ebenfalls unter die Reinigungstechniken gerechnet wird, sich aber gleichermaßen als Vorbereitung einer Meditation eignet. Der

Blick wird dabei ohne zu blinzeln auf ein Objekt (z. B. Kerzenflamme, gezeichneter Punkt oder Bild) fixiert. Gelingt diese Fixierung lange genug, so tritt zunächst ein verstärkter Tränenfluß auf (richtig geraten, lieber Leser, wieder eine intensive vegetative Reaktion), und nach einer Weile verschwindet das betrachtete Bild vollständig, und für einen Moment lang sieht der Yogi buchstäblich nichts! Dieses Phänomen der Extinktion (Auslöschung) erklärt sich physiologisch so: Nervenzellen im menschlichen Körper sind elektrisch geladen und können auf einen entsprechenden Reiz hin einen elektrischen Impuls weiterleiten. Danach sind sie zunächst außer Gefecht gesetzt, sie müssen „nachladen" und sind für diese kurze Zeit unerregbar. Normalerweise stehen unsere Augen niemals still, immer bewegen und drehen sie sich, selbst im Schlaf. Da durch die ständigen Bewegungen immer andere Sinneszellen gereizt werden, kommt es spontan praktisch nie zu dem Extinktionsphänomen. Also führt auch hier die Übung zu einer ungewöhnlichen Fähigkeit der Kontrolle über eigentlich unkontrollierbare Körpervorgänge. (Darauf, daß wahrscheinlich der verstärkte und veränderte Tränenfluß für die gelegentlich angegebenen Verbesserungen der Sehfähigkeit durch die Praxis von *Tratak* verantwortlich sein dürfte, sei am Rand noch hingewiesen.) Wie erwähnt, üben einige Yogalehrer *Tratak* gerne in Kursen zur Einleitung von Meditationen und verweisen darauf, daß der Geist genauso zur Ruhe kommen solle, wie die Augen. Hinter dieser Behauptung steckt mehr, als der einfache Analogieschluß zunächst vermuten läßt. Tatsächlich gab Patanjali ja als Ziel des Yoga *Yogas citta vrtti nirodhah* (Zur-Ruhe-Kommen der Denkbewegungen) an. Aus eigener Erfahrung wissen Sie, lieber Leser, sicherlich, daß üblicherweise das Gegenteil der Fall ist: Unser Gehirn arbeitet ununterbrochen, analysiert Vergangenes, plant Künftiges, bedauert Verpaßtes und begehrt Unerreichbares; ein ununterbrochener innerer Monolog, der uns beschäftigt und uns nur zu oft davon abhält, die Gegenwart wirklich wahrzunehmen. Gelingt es, die Konzentration lange genug auf ein bestimmtes Objekt (Mantra, Atemrhythmus oder Körperempfindungen) zu fixieren, wie dies bei Meditation der Fall ist, kann es zu einem plötzlichen Moment der Stille kommen, einem kurzen Aussetzen der rasenden Denkaktivität, ähnlich dem Auslöschungsphänomen der Augen bei der *Tratak*-Übung. Es bedarf wohl kaum einer weiteren Erläuterung, daß eine solche Kontrolle über die eigene Hirnfunktion nicht „natürlich" ist, sich jedoch die Annahme anbietet, daß die Evolution des Bewußtseins von Lebewesen sich in diese Richtung weiterentwickeln könnte. Wie wir gesehen haben, strebt der Yogi auf vielfältige Weise eine ungewöhnliche, ja geradezu „unnatürliche" Kontrolle über den eigenen Körper an mit dem Ziel, die eigenen Handlungsmöglichkeiten zu erweitern. Je weniger wir durch Zwänge, Reflexe und Triebe eingeschränkt sind, desto freier sind wir. Die zunehmende Freiheit und Selbstbestimmung der Lebewesen ist das Ziel der Evolution. Der Yogi arbeitet bewußt daran.

Eine Zusammenfassung für ganz Eilige und Schlußfolgerungen für alle

Die *körperliche Streßreaktion* ist ein alter physiologischer, von Hormonen gesteuerter Vorgang zur Anpassung an eine das Individuum akut bedrohende Außenwelt. Aufgrund der veränderten Umgebung wird der ursprünglich sinnvolle Ablauf für heutige Menschen leicht zur Falle, wenn zu starke oder zu lang anhaltende Streßreize die Anpassungsfähigkeit des Körpers überfordern und so das Entstehen von verschiedenen Krankheiten – wie z. B. Herz-Kreislauf-Erkrankungen – begünstigen.

Streßbewältigungsverfahren, auch *Coping* genannt, wurden entwickelt, um die physiologische Streßreaktion zu verändern, die Wertung der belastenden Situation zu modifizieren oder die Widerstandskraft des Betreffenden zu erhöhen.

Die Praxis des indischen *Hatha-Yoga* wie auch der *Meditation* rufen kurz- und mittelfristig eine Reihe von wissenschaftlich nachweisbaren physiologischen Effekten hervor. Eine der wichtigsten Wirkungen dürfte die *Aktivierung des Vagusnervs*, des Gegenspielers der Streßreaktion im vegetativen Nervensystem, darstellen. Für die oftmals in Lehrbüchern versprochenen speziellen Heilwirkungen einzelner Übungen findet sich kein Nachweis. Neben der reinen Entspannung bewirken regelmäßige Yogaübungen vor allem eine *Verbesserung der*

Selbst- und Körperwahrnehmung, was wiederum eine gesundheitserhaltende Lebensweise fördert.

Bei psychologischen Parametern unterscheiden sich Yogapraktizierende ebenfalls von einer altersentsprechenden Kontrollgruppe. Die deutlichen Unterschiede betreffen allgemeine Persönlichkeitsmerkmale, Formen der Streßverarbeitung und die Empfindungen im Anschluß an eine Yogasitzung im Gegensatz zum lesenden Vergleichskollektiv. Auffallend sind dabei vor allem die allgemein höhere Lebenszufriedenheit, die unmittelbar nach dem Yoga feststellbare gehobene Stimmung und eine geringere Neigung zu negativen Emotionen und destruktiven Streßbewältigungsstrategien.

Die Untersuchungsergebnisse der verschiedenen Bereiche belegen, daß der Yoga ein *ideales Verfahren zur Streßbewältigung* darstellt.

Da der Yoga aus einem anderen Kulturkreis stammt, bestehen aufgrund von Unkenntnis bis heute noch in Teilen der Bevölkerung Mißverständnisse und Ablehnung gegenüber dieser ganzheitlichen Methode der Selbsterziehung. Bei rationaler Betrachtung lassen sich die vermeintlichen Gründe und Vorbehalte, die gegen eine Yogapraxis sprechen, jedoch leicht ausräumen.

Die Yogapraxis sollte bei der Auswahl der Übungen der jeweiligen Lebensphase sowie den individuellen physiologischen und psychologischen Gegebenheiten angepaßt werden, da ein wirksames Verfahren wie der Yoga ansonsten auch unerwünschte Effekte nach sich ziehen kann. Die rezeptartige Auflistung von Asanas oder anderen Übungen zur Selbstbehandlung von Krankheiten ist wissenschaftlich nicht begründbar.

Da der Yoga letztlich als spiritueller Prozeß angelegt ist, birgt er hierfür ein enormes Potential. Bei der Bewertung als mögliches Hilfs- oder Heilmittel sollte jedoch die praktische Anwendung zur Streßbewältigung davon getrennt betrachtet werden.

Viele Yogatechniken, insbesondere die im Westen weniger praktizierten Reinigungstechniken, streben eine Beeinflussung und bewußte Steuerung vegetativer Prozesse an, die weit über das physiologische Maß hinausgeht. Denkt man die bisherige Entwicklung des Bewußtseins im Rahmen der Evolution weiter, spricht einiges dafür, daß ein möglicher evolutionärer Nachfolger des Menschen genau über diese Form der Steuerung vormals unwillkürlicher Körperfunktionen verfügen dürfte.

Die Geschichte von Nigoy – eine Yogalegende

Es war einmal ein ehrgeiziger und erfolgreicher Kaufmann mit dem Namen Nigoy, der lebte gleichermaßen hochgeachtet wie wohlhabend in einer großen Stadt in Indien. Mit seiner schönen Frau hatte er vier wundervolle Kinder, und wenn sie nicht gestorben sind, dann hätten sie so ewig glücklich weiterleben können.

Nigoy hatte nur ein Problem: Er war nicht glücklich. Die Angst, seinen wertvollen Besitz an Konkurrenten zu verlieren, saß ihm im Nacken und raubte ihm den Schlaf; am Ende seiner langen Arbeitstage schmerzten die Schultern, seinen Kopf empfand er als riesig und schwer wie eine Wassermelone. Nigoy fühlte sich einfach nicht wohl in seiner Haut.

Um die Angst und das körperliche Unbehagen zu vergessen, begann Nigoy regelmäßig Alkohol zu trinken. Tatsächlich fühlte er sich dadurch ruhiger, gedämpft und weniger ängstlich. Seine Frau beobachtete sein Tun mit Argwohn. War das noch der Nigoy, den sie geliebt und geheiratet hatte? Immer öfter stritt sich das Paar. Nigoy wurde auch in seinen Geschäften leichtsinnig, manchmal vergaß er sogar wichtige Termine. Seine körperlichen Beschwerden nahmen zu. Wenigstens half ihm immer noch der Alkohol dagegen. Nach einem heftigen Streit trotzte seine Frau Nigoy das Zugeständnis ab, endlich zu einem Arzt zu gehen.

Widerstrebend besuchte Nigoy das erste Mal seit Jahren wieder einen Arzt. Der Arzt untersuchte ihn gründlich, stellte ihm eine Menge Fragen und sagte zum Schluß: „Sie führen einen ungesunden Lebenswandel. Wenn Sie daran nichts ändern, dann werden Sie irgendwann krank und womöglich daran sterben. Wenn Sie Glück haben, halten Sie noch zehn Jahre durch, wenn Sie Pech haben, geht es eben etwas schneller.“

Nigoy war geschockt. Damit hatte er nicht gerechnet. Aber was sollte er tun? Den Lebenswandel ändern war leichter gesagt als getan.

Natürlich, er spürte, daß da etwas schieflief, aber er wußte nicht, wie er den Zwängen seiner Gewohnheiten entkommen konnte.

Da hörte Nigoy von einem großen Meister, einem richtigen Guru, der in den Bergen lebe. Viele Menschen wandten sich mit Fragen über ihr Leben an den Meister, und der habe schon Unzähligen geholfen, so hörte Nigoy. Der ratlose Nigoy war inzwischen bereit, nach jedem Strohhalm zu greifen, und entschloß sich, den heiligen Mann aufzusuchen. Nigoy war richtig gespannt, als er den Berg in der Ferne aufragen sah, auf dem der Meister lebte. Was würde der ihm wohl raten? Sollte er sich etwas zu schreiben mitnehmen, um längere Anweisungen zu notieren? Was würde die Beratung wohl kosten?

Nigoy wartete geduldig in einer langen Reihe von Besuchern, bis er an die Reihe kam. Endlich durfte er die Hütte des Heiligen betreten, der mit gekreuzten Beinen auf einem einfachen Teppich saß. Nigoy wollte mit seinen Problemen hervorsprudeln, damit er auch ja nichts Wichtiges zu erwähnen vergäße. Der Meister blickte ihn an, und Nigoy fand die Worte, die er sich so schön zurechtgelegt hatte, nicht mehr. Schweigend blickten sie sich an. Dann segnete der Guru ihn und sagte: „Komme zur Ruhe und beobachte alle Vorgänge in deinem Innern." Damit war Nigoy entlassen und durfte gehen.

Zu Hause angekommen, spürte Nigoy Ärger aufsteigen. Was bildete sich dieser sogenannte Meister bloß ein, ihn mit einem solch einfachen, geradezu lächerlichen Satz abzuspeisen? Oder gab es vielleicht einen Trick dabei?

Nigoy setzte sich hin und dachte nach. „Komme zur Ruhe und beobachte alle Vorgänge in deinem Innern", hatte der Meister gesagt. Nun gut, er wollte sich nicht vorwerfen lassen, er hätte es noch nicht einmal versucht.

Wie sollte er nur zur Ruhe kommen? Nigoy versuchte es in verschiedenen Positionen. Jedesmal fühlte es sich anders an. Das mußte er genauer untersuchen. Und so testete er alle möglichen Stellungen, einfache wie verrückte Positionen, ahmte Tiere nach und nannte seine Stellungen *Asanas*.

Als es ihm schließlich gelungen war, den Körper auch in schwierigen Haltungen zur Ruhe kommen zu lassen, fiel ihm auf, welch großen Einfluß der Atem auf die Vorgänge im Innern und seine Wahrnehmung hatte. Ob er hechelte wie ein Hund oder den Atem verlangsamte wie ein tauchender Wal – jedesmal spiegelte sich der Rhythmus in der Wahrnehmung seines Innern wider. Da muß ich Ordnung reinbringen, dachte Nigoy und nannte sein System der Atemlenkung *Pranayama*.

Kaum setzte sich Nigoy wieder, um die Vorgänge in seinem Innern zu erforschen, da jagten die Gedanken und Ideen durch seinen Kopf wie eine wild aufgescheuchte Affenhorde. Selbst die Gedanken müssen zur Ruhe kommen, erkannte Nigoy und entwarf Übungen zur Konzentration seiner Gedanken. Er nannte seine Methode *Dharana*.

Einige der hartnäckigsten Gedanken, die viel Aufmerksamkeit verlangten, waren Gedanken über unerfüllte Wünsche, Zweifel an der Richtigkeit vergangener Handlungen und Überlegungen, wie er glaubwürdig bleiben konnte, wenn er es mit der Wahrheit mal nicht so genau genommen hatte. Und so beschloß Nigoy Gedanken und Handlungen, bei denen absehbar war, daß sie seine Wahrnehmung der Vorgänge im Innern stören würden, von vornherein zu vermeiden. Stattdessen wollte er das denken und tun, was ihm half, sich auf seine Aufgabe zu konzentrieren. Nigoy nannte diese Disziplinen *Yama* und *Niyama*.

Nigoy spürte, daß er seinem Ziel näher gekommen war. Wieder setzte er sich hin, um dem Rat des Heiligen zu folgen und sein Inneres zu spüren. Fest und unbeweglich, dabei zugleich angenehm anzufühlen, so verharrte sein Körper. Der Atem kam zur Ruhe und dehnte sich in unendlicher Langsamkeit. Nigoys Gedanken drehten sich in immer kleineren Kreisen, bis sie so konzentriert waren, daß sie auf eine Pfeilspitze gepaßt hätten. Und wie Nigoy so dasaß, versank er in der Wahrnehmung der Vorgänge im Innern. Diese Versenkung nannte er *Dhyana*.

Und als Nigoy weiter in sich spürte, merkte er, daß er sich auf seinem Weg der Erforschung der inneren Vorgänge verändert hatte. Den Alkohol mied er, weil er ihm nicht mehr schmeckte und weil er fühlte, daß die Droge seinem Körper nicht guttat. Mit seiner Frau stritt er kaum noch, weil ihm die Anlässe plötzlich unwichtig und lächerlich vorkamen. Auch seine Angst zu verarmen war verschwunden, denn er wußte jetzt, egal, was er an Besitz verlöre, immer würde ihm die

Erforschung seines Inneren bleiben. In seinen Geschäften wurde er großzügiger, weil ihm der Besitz nicht mehr so viel bedeutete. Aber wie merkwürdig: Seit er die Geschäfte mehr wie ein lockeres Spiel ansah, schien sein Reichtum sogar zuzunehmen. Tatsächlich wollten immer mehr Kaufleute Geschäfte mit ihm machen, weil er nicht so verbissen war und ihnen mit Humor und Heiterkeit begegnete.

All dies war durch einen einzigen Satz ausgelöst worden, einen Satz, der für ihn die gewohnte Welt für immer aus den Angeln gehoben hatte. Darauf hätte er auch selbst kommen können. Oder war er sogar selbst darauf gekommen? Seine Übungen, die er herausgefunden hatte, war das alles von dem Meister vorausgesehen worden, oder hatte der nur auch etwas ausprobiert oder gar nur einen Witz gemacht? Und als er das dachte, brach Nigoy in Gelächter über seine eigene Verrücktheit und die der Welt aus. Er fühlte sich mit allem eins, mit dem Heiligen wie mit den Kaufleuten, irgendwie verstand er alle, und alles war in Ordnung so. Zugleich spürte er eine kindliche Albernheit, die ihn schon bei geringen Anlässen loslachen ließ. Diesen merkwürdigen und zugleich schönen Zustand nannte Nigoy *Samadhi*.

Und so war *Nigoy* zum *Yogin* geworden, und selbst wenn er gestorben ist, so lebt sein System unter dem Namen Hatha-Yoga weiter und soll gelegentlich auch andere glücklich und zufrieden gemacht haben.

Theorie und Praxis des Hatha-Yoga

Ein Leitfaden zur Erfahrung der Energie

Boris Tatzky, Anna Trökes, Jutta Pinter-Neise

Großformat, gebunden, 320 Seiten, 270 Fotos und 60 Zeichnungen,
2. Auflage – ISBN 3-928632-15-9

„Theorie und Praxis des Hatha-Yoga" entstand aus dem Bedürfnis nach einem Yogabuch, das fundiert und leicht verständlich die Hintergründe des Übungsweges erläutert, der im Westen von so vielen Menschen geübt wird.

- Inhaltlich bietet es einen Übungsteil, der über die reinen Körperhaltungen des Hatha-Yoga hinausgeht,
- Energielenkungen zur Vertiefung der Wirkungen,
- eine detaillierte, stufenweise Beschreibung der wichtigsten Yogahaltungen (āsana) mit der entsprechenden Atemlenkung (prāṇāyāma),
- Konzentrationstechniken, die typisch für den Hatha-Yoga sind.

In klarer und verständlicher Sprache werden die Konzepte unterschiedlicher Qualitäten der Energie (guṇas), der Körperhüllen (kośas) und der Energiezentren des Körpers (cakras) erläutert. Die Verfasser zeigen, wie die Lebensenergie durch bewußten Einsatz im Alltag und auf der Yogamatte geleitet und verstärkt werden kann.

Der Weg des Yoga

Handbuch für Übende und Lehrende

Herausgegeben vom Berufsverband Deutscher Yogalehrer

392 Seiten, gebunden, 238 Zeichnungen, **2. Auflage** – ISBN 3-928632-02-7

30 Verfasser, jeweils auf ihrem Fachgebiet kompetent und erfahren, haben in diesem großen Yogabuch den ganzen Reichtum der Yogawelt in komprimierter Form dargestellt. Mehrere Kapitel über die wichtigsten Quellentexte des Yoga, über die Yogameditation sowie über die verschiedenen Schulen und Meister des Yoga führen in die große Tradition des Yoga ein. Hatha-Yoga wird umfassend in all seinen Ausformungen und Übungswegen beschrieben und von seinem spirituellen Ziel her betrachtet. Yoga im Westen setzt die wissenschaftlichen Forschungen und Erkenntnisse unserer Zeit und der westlichen Kulturtradition in Bezug zum Yoga. Das Buch bietet eine Fülle von wichtigen Informationen und vertiefenden Impulsen sowohl für den Yogaübenden als auch für den Yogalehrer.

YOGA – Tradition und Erfahrung

Die Praxis des Yoga nach dem Yoga Sutra des Patañjali

T.K.V. Desikachar

248 Seiten, geb., 215 Zeichnungen, **2. Auflage,** ISBN 3-928632-00-0

T.K.V. Desikachar ist Sohn und engster Schüler von T. Krishnamacharya, einem der bedeutendsten Yogameister unseres Jahrhunderts.

Folgende Kriterien zeichnen dieses Buch aus:
- Anpassung des Yoga an den einzelnen Menschen, an seine Bedürfnisse und seine Erfordernisse
- Erläuterung der psychologischen und philosophischen Konzepte des Yoga-Sutra des Patañjali und deren Verbindung mit der alltäglichen Yogapraxis
- Darstellung und Bedeutung des Atems und des Wertes von Asana, Pranayama und Bandha für die Hinführung zu Dharana und Dhyana.
- Verwirklichung des Prinzips von Vinyasa Krama: Das schrittweise Hinführen zu den unterschiedlichen Techniken des Yoga.
- Reichhaltig illustrierte Übungsabfolgen und die Beschreibung vieler Variationen der klassischen Asanas.

Suche nach dem Sinn des Lebens

Willigis Jäger

272 Seiten, Paperback, **5. Auflage** – ISBN 3-928632-03-5
Preisträger amerikanischer Verleger

Alle wichtigen Themen des spirituellen Lebens werden von dem Zenmeister (Roshi) Pater Willigis Jäger in diesem Buch grundlegend behandelt und in Bezug gesetzt zur christlichen Mystik, aber auch zu den großen Traditionen der esoterischen Wege anderer Religionen, zu den Ergebnissen moderner Naturwissenschaft und zu den Erkenntnissen der transpersonalen Psychologie. Die psychologischen Aspekte des inneren Weges, seine Tiefenstrukturen und Stadien, der Umgang mit den Gefühlen und die Verwandlung des Schattens werden eingehend beschrieben. In diesem Buch geht es um den inneren Weg der christlichen Religion, um einen Bewußtseinswandel in der Gleichgestaltung mit Christus, um eine neue – von innen geprägte – Ethik, die Verantwortung für die Mitwelt übernimmt. Das Buch befreit zu einem sinnerfüllten Leben; motiviert, den inneren Weg zu gehen, provoziert zu einem neuen Denken und Handeln und tröstet in dunklen Stunden.

Gott, Mensch und Welt

Die Drei-Einheit der Wirklichkeit

Raimon Panikkar
Herausgegeben von Roland R. Ropers

216 Seiten, gebunden – ISBN 3-928632-40-X

Einer der großen Wegweiser der Menschheit in das neue Jahrtausend ist Raimon Panikkar. R. Ropers würdigt in diesem Buch das Werk des universalen Gelehrten, des hochangesehenen Philosophen und spirituellen Meisters und bringt dem Leser die bahnbrechende Theologie und Spiritualität für ein neues Verstehen der *einen* Wirklichkeit nahe, die sich in Zeit und Ewigkeit, in Diesseits und Jenseits manifestiert. Der in drei Fächern promovierte Wissenschaftler, Gastprofessor an über hundert Universitäten, hat mehr als 40 Bücher in sechs Sprachen geschrieben. In diesem Buch kommt in den hochaktuellen Beiträgen und Ausschnitten aus dem Lehrwerk Panikkars die genialintegrative Dialogfähigkeit zum Audruck, die östliche und westliche Spiritualität miteinander verbindet.
Die bedeutende Grundidee des genialen Wissenschaftlers und spirituellen Lehrers Raimon Panikkar sind eine Hilfe und geistige Wegbegleitung für die Herausforderungen des Menschen im kommenden Jahrhundert und des Christentums im dritten Jahrtausend.

Spirituelle Erziehung

Hilfreiche Ratschläge – Praktische Weisheit

Lee Lozowick

312 Seiten, gebunden – ISBN 3-928632-51-5

Praktischer Ratgeber für Eltern und Erzieher, die im Umgang mit Kindern ein größeres Maß an Bewußtheit, Freundlichkeit und Mitgefühl sowie mehr Ehrlichkeit im Verhältnis zu sich selbst in die Erziehung einbringen wollen. Das Buch will Eltern in ihrer wichtigen Erziehungsarbeit helfen und Kindern einen optimalen Start verschaffen.
Dieses Buch richtet sich an all jene, die für die Erziehung Weisung aus einer höheren Ebene empfangen wollen. Spirituelle und bewußte Erziehung könnte man zusammenfassen: Liebe und Zuneigung entwickeln, lebensbejahende Grenzen für unsere Kinder aufzeigen und Ehrlichkeit uns selbst und unseren Kindern gegenüber aufbringen.
Hauptelement jeder Kindererziehung ist das Vorbild der Eltern. Da wir unseren Kindern nicht geben können, was wir selbst nicht besitzen, fordert der Autor Eltern und Erzieher dazu auf, die das eigene Leben beherrschende Ichbezogenheit, Ignoranz und mangelnde Bewußtheit genau unter die Lupe zu nehmen, weil sie das Glück und Wohlbefinden unserer Kinder gefährden.

Aura Soma Farblexikon
Praxisbuch für Lichtarbeitende
Elsbeth Devi Kaegi Maurer

392 Seiten, geb., 32 farbige Seiten, 1 Plakat,
ISBN 3-928632-46-9

Das „**Farblexikon**" verbindet auf einzigartige Weise das ganzheitliche Wissen über die Farben mit dem Tarot, den Chakras, dem I Ging und der Numerologie. Es ermöglicht den schnellen Zugriff zu den geeignetsten Aura-Soma-Equilibriumflaschen, Pomander und Quintessenzen. Über 20 übersichtliche Tabellen für viele wichtige Lebensbereiche und für die Heilung von Krankheiten mit entsprechenden Affirmationen ergänzen jedes andere Aura-Soma-Buch.

Das „**Praxisbuch**" mit den Selbstanalysen „Chakra Body" und „Partnerschaft" vermittelt einen einzigartigen und wirkungsvollen Weg, negative Muster und Blockaden zu erkennen und aufzulösen.

„Das Lexikon ist die Antwort auf unzählige Fragen – es bringt Licht in das komplexe Soma-System." Mike Booth)

Die zwölf Grade der Freiheit
Christian Larsen

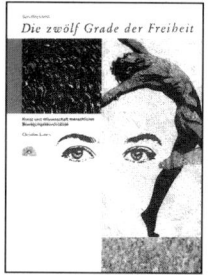

318 Seiten, 324 Illustrationen, Fotos und künstlerische Umsetzungen, Großformat, Zweifarbendruck, ISBN 3-928632-16-7

Einem Bildhauer vergleichbar, gestalten Sie zeitlebens Ihren eigenen Körper. Nur verwenden Sie Bewußtsein und Bewegung anstelle von Hammer und Meißel.

Die Spur führt zur verblüffenden Wiederentdeckung des Selbstverständlichen. Die Bewegungen des Menschen folgen denselben Prinzipien von Raum und Zeit, von Energie und Materie, welche Bewegungskoordination überall in der Natur bestimmen. Der Mensch – ein „Stück Universum".

Dieses Buch schult Ihr Auge in Wort und Bild. Sie werden sich selbst und andere mit anderen Augen betrachten lernen. Der „diagnostische Blick" erlaubt Ihnen zu erkennen, was koordiniert ist und was nicht. Darauf basierend finden Sie ein vierstufiges Übungsprogramm, das Ihren Alltag zur wirkungsvollen Übung werden läßt.

Sie werden ein wissenschaftliches Kunstbuch besitzen – einzigartig in seiner Art. Es verdichtet, was Sie schon immer über Bewegung wissen wollten, zu persönlichen Erkenntnissen. Ein bewegendes Buch, an dem kein Weg vorbeiführt.

AIKI-DO
Atem, Bewegung und spirituelle Entwicklung
Winfried Wagner

152 Seiten, geb. Broschüre, 100 Fotos
ISBN 3-928632-50-7

Ausgehend von einer allgemeinen Bewegungs- und Atemlehre skizziert dieses Buch die Merkmale einer grundlegenden Lebensenergie (KI), und über eine allgemeine zwischenmenschliche „Bewegungslehre" die Grundzüge der möglichen Entwicklung unseres Bewußtseins. Diese allgemeinen Ausführungen sind für alle Interessenten meditativer Bewegungskünste und lebensenergetischer Übungs-Wege aufschlußreich. Für den Praktiker sind Übungshinweise und -beispiele eingeflochten, die aber auch dem interessierten Laien einen konkreten Eindruck von der Praxis des AIKI-DO vermitteln. Zusammen mit den eingeflochtenen Lebensweisheiten aus veschiedenen Kulturkreisen und den geschilderten persönlichen Erfahrungen des Autors soll aufgezeigt werden, daß die Essenz des AIKI-DO universal und nicht spezifisch japanisch ist.

Der hier vertretene Ansatz ist ein leiborientiertes, interaktionales und bewußtseinszentriertes Verständnis von AIKI-DO jenseits allem historisch bedingten Beiwerks. Persönliche Erfahrungen einer dreißigjährigen Übungspraxis, Meditation und anderen lebensenergetischen Verfahren fließen ebenso ein wie Erkenntnisse aus verschiedenen Wissenschaftsbereichen.

Wenn es verletzt, ist es keine Liebe
Wege zu erfüllenden Beziehungen
Chuck Spezzano

416 Seiten, gebunden, **3. Auflage** – ISBN 3-928632-20-5

Dieses Buch verändert Ihr Leben. Ein Wissender zeigt den Weg, wie Sie ein Leben führen können, das erfüllt ist von Liebe und Verstehen, von Freude und Glück. Sie erfahren in 366 Kapiteln wichtige Lebensgrundsätze, die Ihre zwischenmenschlichen Beziehungen auf eine höhere Ebene heben.
Die Weisheit der Liebe, die der Verfasser in jahrzehntelanger Forschungsarbeit als Psychotherapeut, als weltweit bekannter Seminarleiter, als visionärer Lebenslehrer entdeckt und in klare Weisungen umgesetzt hat, verwandelt Sie und berührt Ihr wahres Wesen, das Liebe ist.
Durch die angebotenen Übungen, die das theoretisch Erkannte auch in den praktischen Alltag umsetzen, wird das Buch zu einem Wegbegleiter und Ratgeber in bedrängenden Beziehungsnöten. Sie reifen in Ihrer Selbsterkenntnis, können Ihre Beziehungen in Partnerschaft und Freundschaft neu ordnen, vertiefen und intensivieren.

Den Weg des Herzensgebetes gehen
Herzensgebet, Herzensmeditation, christliche Spiritualität für unsere Zeit
Heinz Biegling

128 Seiten, gebunden – ISBN 3-928632-49-3

Wer auf der Suche ist, einen genuin christlichen Meditationsweg für sich zu finden, dem sei dieser „Weg des Herzensgebetes" empfohlen. Er hält sich eng an die spirituelle Richtung des Hesychasmus, wie sie seit dem 4. Jh. durch die Mönche der Früh- und Ostkirche entwickelt wurde; aber er transformiert ihn auch für die spirituellen Bedürfnisse unserer Zeit. Es werden ganz konkret Anweisungen angeboten, wie der Übende stufenweise in das Geheimnis des Herzensgebetes vordringen und die Hilfe der Herzensmeditation erreichen kann. Diese Meditationsweise erschließt transpersonale „Räume", so daß lichte, den Engelbereichen zugehörigen Mächte den Übenden erreichen. Herzensgebet und Herzensmeditation können bei konsequentem Üben die innere Herzenstür öffnen, so daß die göttliche Gegenwart erfahrbar wird.

Transpersonale Psychologie und Psychotherapie

104 Seiten, zwei Ausgaben: Frühjahr und Herbst

Transpersonale Psychologie und Psychotherapie ist eine unabhängige Zeitschrift, schulen-, kultur- und religionsübergreifend, verbindet das Wissen spiritueller Wege und der Philosophia perennis mit moderner Psychologie und Psychotherapie, leistet Beiträge zur wissenschaftlichen Fundierung des Transpersonalen.
Transpersonale Psychologie und Psychotherapie ist eine Zeitschrift, die sich an Fachleute und Laien wendet mit einem Interesse an transpersonalen Themen. Aus einem schulen-, kultur- und religionsübergreifenden Verständnis heraus bietet sie ein Forum für die Verbindung von Psychologie und Psychotherapie und deren theoretischen Grundlagen mit spirituellen und transpersonalen Phänomenen, Erfahrungen und Wegen, Welt- und Menschenbildern. Sie dient dem Dialog der verschiedenen Richtungen, fördert integrative Bemühungen und leistet Beiträge zur Forschung und Theoriebildung. Sie bietet Überblick, Orientierung und ein Diskussionsforum auf wissenschaftlichem Niveau.

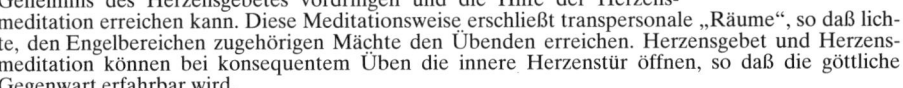